KB015853

리모델링으로
재테크하라

토미(土美) 지음

책수레

이 책을
노후주택 개선의 기로에 선
대한민국과
여러분께 드립니다.

개정판을 내며

2017년에 《리모델링으로 재테크하라》가 나온 이후 이 책은 노후건물과 부동산 자산 창출의 또 다른 장을 열었다는 평가를 받았습니다. 개정판에는 그간 변화된 부동산과 주택정책 등을 감안하여 수정작업을 하였으나, 원본의 내용을 유지하면서 진행하였습니다. 그러므로 본 책의 통계와 자료에 2010년 초반부터의 내용이 언급되거나 그때 당시의 이슈 등이 기록되어 있는 점을 감안하셨으면 합니다.

시간이 흐른 지금에도, 또 미래에도, 노후가 가속되는 도시에서의 '부동산+리모델링'은 여전히 마법과 같은 비법으로 자리매김할 것입니다. 우리의 삶과 도시를 바꾸는 '꼬마빌딩' 관련 책으로 곧 만나 뵙겠습니다. 감사합니다.

노후주택이 부동산 시장의 판도를 바꾸고 있다

저성장, 코로나 시대에 볼거리, 먹을거리를 찾아 나서는 일이 줄어들고 집에 머무는 시간이 늘어나면서 '어떤 집에 어떻게 머무느냐'에 대한 관심이 높아졌다. 좋은 집에 살고 싶지만 내 집이 아니어서, 혹은 오래 살지 않을 집이라서 등등의 이유로 집을 꾸미고 정비하는 일을 미뤄왔던 사람들이 이제는 적극적으로 자신이 머무는 공간에 대한 관심을 표출한다. 이처럼 집의 사용과 소비에 대해 기존과는 다른, 플랜 Z를 선택하는 사람들이 늘면서 집 꾸미기 열풍이 불고 있다.

코로나19는 리빙, 인테리어 시장에 더 뜨거운 바람을 불게 했다. 대기업과 백화점 그룹은 자사 보유 리빙 브랜드와 더불어 해외 프리미엄 라이프 스타일 편집매장과 제품을 속속 런칭하고 있다. 해외여행과 해외 쇼핑을 가지 못하는 심리와 집에서 오랜 시간을 보내는 심리가 매출로 이어지는 분위기이다.

이를 반영하듯 국내 리빙 시장은 10년 사이 210% 이상 성장했다. 생활용품 시장 또한 2008년 7조 원이던 것이 2017년에는 12조 원, 2023년에는 18조 원으로 전망된다. 인테리어와 리모델링 산업까지 포함하면 약 40조원 시장 규모로 예측된다. 패션 분야를 중심으로 했던 대한민국의 핫 트렌드가 '리빙'과 '토탈 라이프 스타일 시장'으로 옮겨가고 있는 것이다. 한국인의 관심사가 패션(의·依)에서 먹거리(식·食)로, 그리고 생활 제안(주·住)으로 바뀌고 있음을 실감한다. 그리고 이러한 트렌드는 부동산 시장에도 변화의 바람을 일으키고 있다.

그간 대규모 개발이나 전·월세 폭등의 영향으로 '주거'란 곧 부동산 소유와 자산 증식의 수단으로 여겨져 온 것이 사실이다. 그러나 최근 이러한 개념이 달라지고 있다. 국토교통부에 따르면 주택 재건축 사업으로 준공된 주택 수는 2008년 5만 8,590가구로 정점을 찍은 후 계속 하락세다. 2013년에는 8,514가구로 1997년 이후 가장 낮은 수치를 기록했으며, 2021년에 이르러 서울시와 정부의 각종 규제와 신축 필지의 부족이 겹치며 최근 몇 년 동안 주택건설을 위한 인허가 물량 감소로 이어졌다.

국가 정책적으로 재개발 및 재건축을 활성화한다 해도 사업성 높은 일부 수도권을 제외한 나머지 지역은 재건축 사업 진행 속도와 조합원들의 바람이 일치하지 않는다. 대규모 재건축·재개발 사업에 제동이 걸린 것이다. 그런 와중에 시장 트렌드는 소규모 주택 정비를 통한 도시재생 사업으로 선택의 폭이 다양해지고 있다. 과거의 멋을 간직한 오래된 골목들이 도시의 자원이라는 인식이 퍼지고, 주거환경 개선의 중요성에 대한 공감대가 높아지고 있다. 정부도 재건축·재개발보다 도시재생 사업에 힘을 실어주는 모양새다. 실제로 '빈집 및 소규모주택 정비에 관한 특례법'이 제정되어 2018년 2월부터 시행되고 있다.

HOUSE에서 HOME으로, 소유에서 사용으로 변화하는 부동산의 개념

오랜 세월 한국인의 관심사는 온통 '집'에 고정되어 있었다. 그러나 그것은 '거주하는' 집이 아니라 '소유하는' 집이었으며, 재산 증식의 수단에 지나지 않았다. 눈을 뜨면 신도시가 세워지고 새로운 건물이 올라가던 고도성장 시대의 이야기다. 사회가 성숙기에 접어듦에 따라 집을 투자 대상이 아니라 삶을 누리는 공간이라는 관점에서 바라볼 때가 되었다.

당신의 집은 당신의 사무실이 될 수도,

낯선 이를 위한 렌트하우스가 될 수도,

여러 사람이 모여 함께 살아가는 셰어하우스가 될 수도,

접어뒀던 취미 생활을 가능하게 하는 공방이 될 수도 있다.

이 모든 것이 집 한 채로 가능하다!

시대가 변화하며 세대가 바뀌었다. 자신을 위한 소비에 긍정적이며, 생활의 질을 향상시키기 위해 투자를 아끼지 않는 세대가 등장하면서 주거의 개념은 소유가 아닌 '대여'와 '사용'의 개념으로 빠르게 확장되고 있다. 인테리어도 내 집을 마련할 때만 하는 것이 아니라 거주지를 옮기더라도 부담 없는 합리적인 방식으로 진화 중이다.

이러한 라이프 트렌드를 가리키는 패스트리빙(Fast Living)이란 신조어까지 탄생했을 정도다. 합리적인 가격에 개성 있는 디자인을 누리고 자랑하는 문화가 자리 잡으면서 전세나 월세를 사는 사람들도 임대료만큼의 안락한 공간을 기대하게 되었다.

필자는 리모델링과 인테리어 실무를 통해 크고 작은 공간을 드라마틱하게 변화시키며, 건설·건축·인테리어 업계에서 20년 가까이 보냈다. 지난 시간은 위와 같은 라이프 트렌드의 변화를 목도하고, 또한 '집'이 1차 소비재로서 얼마나 중요한 공간이며, 그것이 삶에 얼마나 큰 영향을 미치는지를 실감하며 보낸 시간이기도 했다. 당연히 앞으로 우리가 만들어가야 할 공간 그리고 부동산과 집에 대한 고민이 깊어졌다.

소유하는 집에서 거주하는 집으로, 재산 증식의 수단에서 우리 가족 혹은 다른 입주자의 삶의 공간으로, '집'의 격과 질을 높이기 위해 이제 어떤 변화를 시도해야 할까? 공간을 바꾸면 생활이 바뀌고, 생활이 바뀌면 가치관과 라이프 스타일이 변화한다. 리모델링을 통해 돈을 버는 수익 사업도 가능하다. 이 모든 것을 이룰 방법이 없을까?

삶의 질과 수익, 두 마리 토끼를 잡는 리모델링

앞서 언급한 라이프 스타일의 변화는 업계에도 영향을 미치고 있다. 기존에는 으레 업체에 맡겨왔던 시공 분야에 관해서도 직접 시공하거나, 독자적으로 공사를 진행하기를 희망하는 사람들이 많아졌다.

그러나 많은 분들이 직접 공사, 즉 직영 공사나 시공업체를 관리하는 일에 대해 어려움을 토로한다. 일단 용어가 낯설고, 공정과 공사 순서에 대한 이해가 부족하여 판단이 서지 않는다. 그렇다 보니 결정이 지체되어 공정이 꼬이게 된다. 자재 금액과 인건비에 관한 선택을 할 만한 경험과 자신감이 없기 때문이다. 인터넷의 영향으로 각종 셀프 공사와 자재에 대한 정보가 쏟아지고, 인테리어 공사나 집짓기에 직·간접적으로 참여하는 일반인이 늘고 있지만, 숙련된 기술자에 비하면 지식의 한계와 경험차가 있을 수밖에 없으므로 쉬운 일이 아니다.

집을 구매하여 임대하고자 하는 사업자들은 어떤가. 부동산을 매수하고 매도하는 과정에서 리모델링의 역할은 여자의 화장에 해당한다. 최근에는 더 좋은 조건에 임대하거나 매도하기 위해 리모델링이 필수적인 단계가 되었다. 그러나 직영 공사나 리모델링 공사 업체 선정, 매 순간 등장하는 판단과 결정의 순간, 갈등 발생 등의 어려움과 하자보수에 대한 불신 등을 토로하는 사람이 많다. 알고 나면 뛰어넘을 수 있는 문제인데, 이것이 두려워 더 나은 수익의 기회를 놓치는 경우를 보면 안타까울 뿐이다.

인테리어와 리모델링은 이제 우리 삶의 질, 그리고 주택과 상가 가치에 지대한 영향을 미치고 있다. 특히 노후 건물로 수익을 극대화하려는 사람이라면 끊임없이 고민해야 할 문제임이 분명하다.

톡톡 튀는 골목 상권, 새로운 기회가 열려 있다

코로나19와 IT의 속도, 라이프 스타일 변화 등으로 격동했던 상권 변화는 우리 삶을 그대로 투영한다. 앱 기반의 지도가 발달하고, 소규모 자영업자들이 매력적인 '맛'과 '멋'을 선보이며, 골목 상권은 물론 대형 상권까지 뜨고 지는 것을 모두가 지켜보았다. 최근 상권 변화는 대량 생산과 동일한 기호에서 벗어나, 소량 생산과 희소성 있는 상품을 선호하는 소비자의 움직임과 선호도를 가감 없이 보여준다.

상가의 가치를 결정하는 것은 더 이상 위치(입지)만이 아니다. 콘텐츠를 어떻게 채우느냐에 따라 낡고 허름한 상가나 창고가 상전벽해급 변신에 성공하기도 한다. 이것은 상대적으로 자본이 적은 사람에게 새로운 기회가 될 수 있다. 필요한 것은 트렌드를 읽는 눈, 틈새 아이디어 그리고 속도이다.

대한민국은 지금 노후 건물로 몸살을 겪고 있다. 더 나은 주거를 고민하는 사람들과 임대사업자들에게 이 책이 고민 해결의 실마리가 되어줄 것이다. 또한 새 단장이 필요한 노후 건물 보수에 도움이 되었으면 한다. 리모델링을 계획하는 분이나, 업체를 선정하여 직영으로 공사하는 방식을 고민하는 분들이 이 책을 통해 리모델링 과정을 즐기고, 행복한 내일을 꿈꿀 수 있기를 희망한다.

土美

차례

차례

차례

리모델링에 대한 새로운 정의

재건축 연한이 40년에서 30년으로 줄어들었다.
싫든 좋든 내가 사는 아파트가 30년이 넘었다면
새로 짓거나 고쳐서 살아야 한다.
우리 생애 동안 같은 지역에서 세 번의 신축이 이뤄진다면,
엄청난 재화와 시간, 환경적 손실이 발생한다.
처음 신축할 때 100년을 내다보고 지을 수 있는 혜안과
내 집을 꾸준히 관리하며 안전하게 사는
지혜가 필요하다. 이러한 지혜가 바로 '리모델링'이다.
70대 할머니를 단순히 화장만으로 젊어 보이게 하는 기술이 아니라
내부 원인을 바로잡아 40대 정도의 건강을 유지할 수 있게 하는 것이
리모델링의 근본적인 의미이다.
건강한 리모델링의 정의를 바로잡아야 할 때다.

PART

1

늙은 주택 시대의 시작

주택시장, 새로운 변화가
이제 막 시작되었다

세계는 지금 한 번도 경험해보지 않은 새로운 산업혁명의 패러다임 앞에 서 있다. 모든 산업과 직업이 수 세기 동안 숨 돌릴 틈 없이 변화해왔지만 유독 '주택'만큼은 변화가 더뎠다. 변화가 이루어지는 시간도, 받아들이는 시간도 오래 걸리는 것이 주택 시장이다.

온라인과 오프라인의 경계가 허물어지며 떠오른 정보 통신 기술은 그야말로 변화무쌍하다. 하지만 그에 비해 주택은 토지를 바탕으로 고정된 실물 자산이며 거주, 보유, 상속, 재산 등의 복잡한 문제로부터 자유로울 수 없는 고정적 자산이다. 이러한 특징 때문에 주택산업은 크고 작은 변화 가운데서 진보의 속도를 낼 수 없었다.

주택이 토지 위에 존재하는 것 외에도, 한국형 공동주택은 제한된 땅에서 최대의 이윤을 남기기 위해 밀도를 높일 수밖에 없는 한계가 있었다. 이러한 제한 때문에 한국 주택 시장은 지금 여러 가지 변화 앞에 놓여 있다. 지금, 우리 주변에서 실제로 벌어지고 있는 주택시장의 다양한 변화를 다음 사례를 통해 살펴보자.

1. 사장님이 5명인 7평 가게

7평짜리 구멍가게에 사장님이 5명인 곳이 있다. 5명의 사장님은 각각 다른 시간대, 다른 용도로 같은 장소를 공유한다. 주말 밤낮, 평일 밤낮, 사무실과 스튜디오, 식당과 주점으로, 각각 다른 콘텐츠를 가지고 소비자의 유동성을 최대한 활용한다. 작은 7평 가게는 초기 창업자에게 부담을 줄여주며 실습의 기회를 제공하는 공간이다. '주말 사장'에 도전해 보자.

2. 사무실 대신 셰어 오피스

회사원 K군은 지난달 회사를 나왔다. 평소 꿈꾸던 창업을 하려면 기혼인 상태보다 미혼인 것이 낫다고 보고, 결혼하기 전에 저질러보자는 마음으로 사직서를 냈다. K군은 사업자등록을 하고 새로운 영업 분야를 개척해보려고 한다. 사무실을 빌리는 대신 업무 공간을 셰어(share)하여 고정 지출을 줄일 생각이다. 역세권에 위치한 셰어 오피스는 필요에 따라 가까운 지점을 빌려 쓸 수 있어서 기동력이 필요한 K군에게는 매우 효율적이다.

3. 새 아파트 대신 다세대 건축 사업

평범한 직장인 A씨는 몇 달간 계속 속을 끓였다. 새 아파트가 될 줄로만 알았던 뉴타운 지구가 급기야 해제되었기 때문이다. 마침 건축 상식이 있는 지인의 조언으로 다세대 건물을 신축하는 방법을 제안받고 울상이 미소로 바뀌고 있다. 그간 묶였던 건축규제가 풀리면서 다가구, 연립, 빌라 등을 신축할 수 있게 되었기 때문이다. A씨는 이번 기회를 통해 자금 여력이 있는 경우,

낡은 주택을 매입해 직접 다가구 주택을 짓거나 빌라 사업을 하는 것도 방법임을 알게 되었다.

4. 다가구주택 임대로 제2의 월급을

웹툰을 그리는 프리랜서 L씨는 고정 수입이 없다는 데 불안을 느껴왔다. 투자로 집을 사서 임대 수익을 올리는 것은 상상도 못했는데, 최근 저렴한 낡은 주택에 관심을 가지고 꾸준히 수요 조사를 하여, 드디어 투자용 주택 계약서에 도장을 찍게 되었다.

월세 수입을 얻는 수익형으로 접근하기에 아파트는 투자 비용이 만만치 않고, 투자금 대비 수익률 또한 높지 않다. 다가구주택을 매입해 9~10가구씩 임대하거나, 저렴한 다세대나 연립주택을 임대용으로 매입한다면 은행 이율보다 높은 수익률을 얻을 수 있다. 다가구, 다세대, 도시형생활주택, 전용면적 85㎡ 이하의 주거용 오피스텔은 주택임대사업자 등록을 하여 세제 혜택을 받을 수도 있다. 이 때문에 L씨처럼 교통 좋은 곳의 낡은 주택을 찾는 사람이 많다.

위와 같은 사례는 모두 우리 주변에서 실제로 일어나고 있는 일들이다. 저성장 경제구조에서 삶의 형태에 다양한 변화가 요구되는 만큼, 삶을 담는 그릇이라 할 주택에도 변화의 바람이 불어오고 있다. 저성장·저금리·저출산 등 3저(低) 시대에 우리의 주택은 어떤 변신을 꿈꿔야 할 것인가. 그리고 그 안에서 우리는 어떤 기회를 발견하고, 어떻게 변화의 흐름 위에 올라탈 수 있을 것인가.

공동 주거의 한 유형으로 우리나라 주거 문화의 한 축을 형성해 온 아파트는 도시화가 시작된 1960년대부터 현재까지 상당 부분 자산 증식과 투기 지향적 수단으로 활용되어왔음을 부정할 수 없다. 이러한 아파트의 시대는 앞으로도 계속 이어질 수 있을까. 이른바 초연결 사회(디지털 기술로 사람, 사물, 온라인, 오프라인이 일대일, 일대 다수, 다수대 다수로 긴밀하게 연결되는 사회)에서 우리가 눈길을 돌려야 할 주택의 형태는 무엇일까.

개발의 시대에서 정비와 재생의 시대로

2014년 9.1. 부동산 대책 중 '택지개발촉진법 폐지'는 신도시 등의 대규모 택지개발을 통한 주택 공급 방식을 3년간 중단한다는 것을 골자로 한다. 우리 사회에 주택 공급의 의미가 재정립되는 전환점이 될 만한 내용이었다. 이를 통해 우리는 대형개발에서 도심 재정비의 시대, 재생의 시대로 진입하였다. 기존의 600만 평, 1천만 평 대규모 택지개발지구는 이제 노후 시기를 맞았다. 보수와 유지 관리가 잘 되지 않은 노후주택은 생활에 불편을 겪을 뿐만 아니라, 안전사고 위험도 잠재되어 있다. 따라서 공공이 나서야 한다는 지적이 높다. 이에 서울시는 도시재생 사업부터 집수리 센터 설치 등 다양한 정책을 펼치고 있다.

세계적 트렌드의 변화 :
상품이 아닌 '생활'을 제안한다

국내 진출 1년 만에 3,080억 원의 매출을 올린 스웨덴 기업 이케아 (IKEA)는 전 세계인들에게 가구의 의미를 바꿔놓았다. 우리나라에서도 예외가 아니었다. 전세, 월세 등으로 이사가 잦은 청년층에 이케아는 '가구는 평생 간직하는 애장품'이라는 인식을 뒤엎고 '소모품' 이미지를 선보였다.

이케아가 한국에 진출한 것 자체가 한국에서 리모델링이 시작되었음을 시사한다. 전세난으로 인해 주거지 이사가 잦아지면서, 노후화된 주택에 입주할 때 수리가 필수로 느껴질 정도로 흔해졌다. 이러한 주거 환경에서 가구에 대한 인식도 획기적으로 바뀌었다. 요즘은 가구를 저렴하게 사서 짧게 쓰고 버리는 소모품으로 대하는 태도도 나타난다.

조립식과 저렴한 가격

스웨덴 가구업체 이케아는 소비자들의 라이프스타일을 분석하고 적용하여 독특한 디자인과 혁신적인 아이디어를 창출하고, 원가 절감을 통해 저렴한 가격으로 전 세계 중저가 가구 시장을 선도하고 있다.

이케아는 새로운 시장에 진출하기 전, 해당 국가에 대한 조사를 철저히 하는 것으로 유명하다. 한국 첫 매장인 광명점을 열기까지 공식적인 준비 기간만 2년이 소요되었다고 한다. 또한 해외 진출을 시작한 이래 27개국을 조사하며 얻은 무수한 경험과 해당 국가에 대한 조사 내용을 더하여 분석한 결과를 현지화 전략에 활용한다. 한국의 1인 가구와 노후주택 증가세를 겨냥한 그들의 전략은 제대로 성공했다.

라이프 스타일 문화의 시작

이케아의 성공은 가구를 직접 만들어 사용하는 DIY(Do It Yourself) 시장의 포문을 열었다는 데 큰 의미가 있다. 그 영향으로 이제는 가구 조립뿐 아니라 가구 디자인과 인테리어, 소품 제작에 열을 올리는 DIY족도 늘어나서, 자재를 원가에 구매하여 직접 셀프로 설치하는 시장의 매출이 껑충 오른 상황이다. 라이프 스타일 문화가 시작된 것이다.

이는 리모델링 시장에도 발전을 가져왔다. 국내 가구 시장은 연간 10조 원, 리모델링 시장 규모는 연간 20조 원으로 추산되는데 이케아의 국내 안착을 기점으로 이랜드 BETTER, H&M HOME, 자라 HOME, 자주(JAJU) 등 다양한 국내외 라이프 스타일 브랜드가 등장했다. 이러한 라이프 스타일 브랜드에 대한 소비자 호응도 컸다.

이케아와 그에 이은 다양한 라이프 스타일 샵의 등장과 성공, 이는

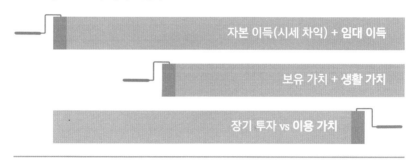

자본 이득(시세 차익) + 임대 이득

보유 가치 + 생활 가치

장기 투자 vs 이용 가치

무엇을 말하는 것일까? 과거에 집은 잠을 자고 나가는 공간이었다. 먹고 살기 바쁘다 보니 집에 머무는 시간은 매우 짧았다. 여러 세대가 함께 살면서 부모와 자녀, 조부모와 손자 손녀가 한방을 쓰기도 했었다. 집은 자기 삶을 즐기는 공간이라기보다는 가족이 생활하는 공동 공간에 가까웠다.

그랬던 집의 위상이 달라졌다. 인터넷으로 연결된 정보화 시대의 라이프 스타일, 대인관계에 피로를 느끼는 현대인들이 집에서 여가를 즐기기 시작하였고, 코로나 이후 집에 머무는 시간은 무한정 길어졌다. 이처럼 집에서 시간을 보내는 걸 선호하는 계층이 새로운 소비 수요로 등장함에 따라 리모델링 시장의 발전도 촉진되고 있다. 이들은 리빙 시장의 소비자인 동시에 리모델링, 부동산 시장의 소비자이기도 하기 때문이다.

스테이케이션(staycation)이란 합성어가 있다. 머물다(stay)와 휴가(vacation)를 합친 것으로, 시간을 소비하는 공간으로서 집에 대한 요구를 보여주는 말이다. 현세대에 집은 더 이상 잠만 자는 공간이 아니다. 외부의 일을 연장하여 할 수 있으며, 휴식에 여가와 취미 생활까지 즐길

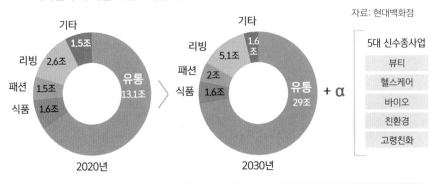

백화점 주력 사업 트렌드의 변화

자료: 현대백화점

기타
1.5조

리빙 2.6조

패션 1.5조

식품 1.6조

유통
13.1조

2020년

기타
1.6조

리빙
5.1조

패션 2조

식품 1.6조

유통
29조

+ α

2030년

5대 신수종사업

뷰티

헬스케어

바이오

친환경

고령친화

수 있는 새로운 복합 공간이다. 이러한 기대는 향후 이러한 주거 공간이 각광받게 되리라는 걸 짐작게 한다. 앞으로 주거 공간은 다양한 삶의 형태를 가능하게 하며, 다채로운 취향을 표출할 수 있는 장소로 변모할 것이다.

리모델링 시장이 성장하고 있다. 한국건설산업연구원에 의하면 국내 리모델링 시장 규모는 2020년 30조 원으로, 2030년에는 44조 원으로 급성장할 것으로 전망하고 있다. 현재 건자재 시장 규모만도 연 20조 원에 이르며, 실내 건축 공사 계약액도 10조 원 정도로 추정된다. B2C 분야 인테리어 시장 규모도 크게 증가하였다. 여기에는 준공 10년이 지난 노후 주택 리모델링 추세가 한몫하고 있다는 분석이다.

기업에서 개인으로 확장되는 리모델링 시장

기존 건자재 시장은 B2B 사업, 즉 기업 대 기업 간 거래가 일반적이었다. 최근 이러한 추세에 변화가 생기고 있다. 기업에서 개인으로 사업이 확장되고 있는 것이다. 건자재 업계의 경쟁력인 직접 생산이 가능한 시스템, 품질 체계, 브랜드 파워, 기술력 등을 앞세워 개인 고객 시장까지 파고들고 있다.

기존 B2C 사업에 주력했던 가구업체들은 소품이나 편집숍(한 매장에서 다양한 브랜드의 제품을 판매하는 매장)의 개념으로 홈데코를 수입하여 고객의

리모델링 시장의 성장 패턴과 전망 자료 : 한국리모델링협회

구분	특징	비중
2000년	비주택 중심의 리모델링 시장이 성장 주택 부문 성장세는 주춤	8~10%
2015년	주택 부문 리모델링(아파트) 활성화가 시작됨	15~20%
2020년	주택 부문 리모델링이 주도적 위치를 확보 / 전체 리모델링 시장의 성장을 주택 부문이 주도함	25~30%
2025년 이후	서구 국가와 비슷한 수준으로 리모델링 시장이 건설 시장 내 최대 시장으로 위치 확보	30% 이상

발길을 잡는 모양새다. 가구업체들은 개인 고객 서비스의 쇼핑 범위를 넓힘과 동시에 기업에도 대량 납품 통로를 만들고 있다.

사실 인테리어나 리모델링은 전문 업체의 영역으로 여겨져 왔다. 그러나 인터넷을 통해 정보와 경험을 나누는 공유 트렌드가 확산되면서 자신이 사는 주거 환경을 스스로 바꾸려는 경향이 늘었다. 단순히 경제적인 이유에서만이 아니다. 자신의 개성을 드러내고 더 좋은 품질의 친환경 자재를 사용하는 등 질적으로도 의미가 있는 변화이다.

집은 일단 지어진 이상 계속 노후되기 마련이다. 신축 공급이 줄어드는 현실에서 노후주택에 사는 사람은 점점 더 많아질 것이다. 쾌적한 삶을 위해 적극적으로 리모델링에 뛰어드는 개인이 많아지면서 리모델링 시장의 전체적인 규모도 계속 성장할 것으로 보인다. 늘어나는 개인 소비자와 확장되는 리모델링 시장을 통해 대한민국 주택 트렌드 변화를 읽는 눈이 필요한 시점이다.

노후가 시작된 한국의 주택

주택 수명이 날로 늘어나는 세계적 추세와는 달리, 한국 주택의 수명은 점점 짧아지고 있다. 서울과 1기 신도시 아파트는 건축한 지 20년이 넘은 아파트가 전체의 절반을 넘어섰다. 전국의 주택은 이미 노후가 시작되었다.

2014년 9.1 부동산 대책의 일환으로 정부는 재건축 가능 연한을 40년에서 30년으로 단축하였다. 이를 단순히 반가운 소식으로 여겨서는 안 된다. 이는 우리나라 공동주택 연한의 한계를 보여주는 단면이라 할 수 있다. 공동주택, 즉 아파트는 우리의 대표적인 주거 형태로, 이를 다시 짓는 일은 굉장히 큰 에너지가 필요하다. 아파트의 법적 수명이 30년이라면, 어쩌면 한 세기 동안 같은 자리에 아파트를 3번 짓는 광경을 보게 될지도 모른다(물론 그렇게 될 수 있는 아파트는 한정적이겠지만).

필자는 런던에 거주한 적이 있는데, 유럽 건물(주택 포함) 수명이 대부

········ Remodeling Note ········

장수명 주택이란?
◆

장수명 주택은 콘크리트 수명을
연장하거나 배관 및 배선 이동을
자유롭게 설계하여 주택 내부 공
간을 거주자 편의대로 변형할 수
있고, 배관과 배선이 노후되면 즉
각 교체가 쉬운 미래형 주택이다.

분 100년 이상이라는 데 놀라움을 감출
수 없었다. 영국의 주택 수명은 우리나
라 주택의 7배에 달한다. 영국에는 리모
델링에 관한 전문적인 건축 계획과 시
공 기법이 이미 체계화되어 있다. 역사
적으로 존치해야 하는 건물의 경우 그
가치를 안전하게 보존하는 리모델링 기
법과 제도적 장치가 시스템으로 마련되
어 있다. 도시 전체가 유적지인 이탈리아의 로마도 마찬가지다. 문화재
연구와 보존에 심혈을 기울인다.

가까운 일본은 어떨까? 일본은 아파트 초기 단계부터 향후 개조와 수
리가 쉬운 '장(長)수명 주택'을 개발하였다. 콘크리트 없이 철골로 건축하
기 때문에 언제든 필요할 때 배관과 배선을 교체할 수 있으며, 집안의 내
부 벽체도 가변형이라 입주자가 구미에 맞게 바꿀 수 있다.

장수명 주택은 말 그대로 수명이 긴 주택을 말한다. 건물의 뼈대 역
할을 하는 콘크리트의 수명은 보통 100년 정도로 긴 편이나, 콘크리트

국가별 주택 수명

자료: 국토교통부

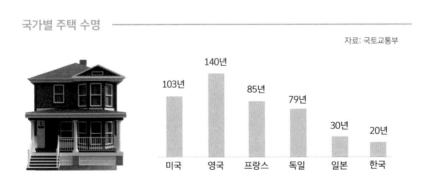

미국	영국	프랑스	독일	일본	한국
103년	140년	85년	79년	30년	20년

내부의 배관과 배선 등이 문제다. 30~40년이 지나면 내부 배관 및 배선 교체가 어려워서 전면 철거하고 새로 지어야 하는 수준이 된다. 이것이 우리나라 아파트의 현실이다.

실제로 국내 아파트의 평균 수명은 22.6년, 단독주택은 32.1년, 연립주택은 18.7년이다. 영국(140년), 미국(103년) 등 선진국에 비해 턱없이 짧다. 일본은 30년으로 우리보다는 긴 편이다. 다시 말해, 우리나라는 건물 수명이 다해서 집을 허무는 것이 아니라, 주거 환경과 미관이 나빠지는 등 설비와 사회적 수명이 다해 집을 허물고 있는 것이다.

늙어가는 아파트와 주택, 이대로 괜찮을까

우리나라 10가구 중 5가구는 아파트에 거주한다. 통계청 조사에 따르면, 51.9%가 아파트에 거주하며, 단독주택 31%, 연립·다세대주택 11.5%로 전체 주택에서 공동주택의 비중은 62.6%로 나타났다(2020년 KOSIS). 총 국토의 16% 정도인 도시지역에 총인구의 90% 이상이 살고 있으며, 이 중 절반가량이 서울, 경기, 인천에 거주하고 있다.

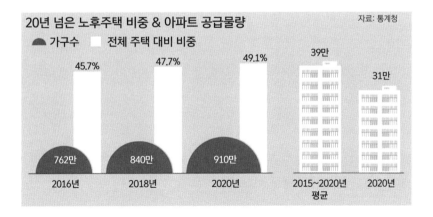

20년 넘은 노후주택 비중 & 아파트 공급물량 ＿ 자료: 통계청
가구수 ＿ 전체 주택 대비 비중
45.7% (762만) — 2016년
47.7% (840만) — 2018년
49.1% (910만) — 2020년
39만 — 2015~2020년 평균
31만 — 2020년

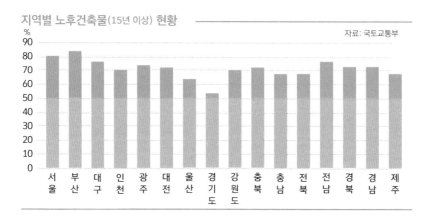

지역별 노후건축물(15년 이상) 현황

자료: 국토교통부

이처럼 수도권에 인구가 밀집해 있으며, 그 가운데서도 절반 넘는 사람이 아파트에 거주하는 현실에서 우리의 아파트는 과연 노후 걱정으로부터 안전할까? 대답은 '전혀 그렇지 않다'는 것이다. 준공 후 20년이 넘은 노후주택은 49%가 넘으며, 공동주택은 전체 노후주택의 42%를 기록하며 해마다 증가하고 있다.

분당과 일산 등 경기권 신도시도 상황은 마찬가지다. 수도권 과밀 해소와 민간 주거 안정을 위한 대규모 주택 공급을 목적으로 1980년대에서 1990년대 지어졌던 1기 신도시는 지어진 지 30년이 넘었다. 이제는 구(舊)도시가 되었다고 봐도 무방할 것이다. 신도시 아닌 신도시의 아파트들은 노후화와 더불어 주차장 부족, 층간 소음, 에너지 낭비, 상하수도 불량, 내외부 균열 등 다양한 문제를 겪고 있다. 게다가 1988년 이전에는 내진설계(지진에 견딜 수 있는 구조물의 설계) 기준이 없었으므로, 현재 내진설계 기준을 충족하는 곳도 많지 않다(서울의 경우 29%). 노후한 공동주택의 안전성마저 걱정되는 상황이다.

그렇다면 단독주택과 연립, 다세대주택은 어떨까? 서울을 예로 들어보자. 서울시의 전체 주거지 면적은 313㎢인데 이 중 저층 주거지 면적이 111㎢로 3분의 1 수준에 달한다. 이들 저층 주거지의 70% 이상은 건축된 지 20년이 넘은 노후주택이다. 이들 주택의 주거환경과 안전성도 위험에 노출되어 있는 것은 물론이다.

이제는 인구 구조와 주택시장의 변화로 주택 수요가 감소하는 이슈도 감안해야 한다. 철거 중심의 정비 사업으로는 대량의 주거공급을 하기 어렵다. 저성장 시대에 안전하고, 부담할 수 있는 비용으로 지속 가능한 리모델링 방식을 고민할 필요가 있다.

Remodeling Note

입지 여건이 좋은 1기 신도시 재건축

◆

2014년 이후 서울 아파트 상승세를 주도한 재건축, 재개발 사업은 서울 아파트의 평균 매매가를 끌어올렸다. 2017년 5월 기준으로 서울과 5대 광역시의 평균 가격 격차는 3억 원 이상이었고, 2021년 12월 기준으로 격차는 8억 원 이상으로 벌어졌다. 2기 신도시에 비해 1기 신도시인 분당, 평촌, 일산은 입지가 좋고, 주요 업무지구가 가깝다. 실거주 겸 내재 가치를 감안한다면 관심을 가져볼 만하다. 재건축을 통해 아파트가 새로 지어지고 교통계획이 동반된다면 이미 인프라가 갖춰져 있는 신도시는 서울과 근접한 위성도시의 역할을 제대로 해낼 것이다.

2013년 재건축 초과 이익 환수제 잠정 유예

부동산 투기를 막기 위해 2006년 도입된 이 제도는 부동산 시장을 지나치게 위축시킨다는 지적에 따라 2013년부터 한시적으로 유예됐다가 2017년 말 유예 기간이 끝난다. 재건축으로 얻는 이익이 조합원 한 가구당 3천만 원을 넘으면, 이를 공제한 금액의 최대 50%를 부담금으로 가져가는 것이 골자이다. 「재건축 초과이익 환수에 관한 법률(이하 재건축 이익환수법)」 제3조의 2(재건축부담금 면제를 위한 임시 특례)에 따라 2017년 12월 31일까지 「도시 및 주거환경정비법」 제48조 제1항에 따른 관리처분 인가를 신청한 재건축 사업에 한해 면제된다.

2014년 9.1. 부동산 대책

주택 시장의 활력을 회복하고 서민 주거 안정을 강화하기 위한 방안과 재건축 규제 개혁, 노후주택에 대한 대책으로 큰 의미를 지닌다. 재건축 가능 연한을 기존 40년에서 30년으로 단축하고, 생활에 불편이 큰 경우에는 재건축이 용이하도록 안전진단 시 주거 환경 비중을 높였다. 또한 재건축

시 소형주택 의무건설 비율 중 연면적 기준을 폐지하고, 재개발 시 임대주택 의무건설 비율[1]을 5% 포인트 완화해 분양시장이 좀 더 유연해졌다.

기부채납에 관한 지침

국민과 기업의 과도한 부담을 완화하기 위한 대책으로 '기부채납에 관한 지침'을 마련하여 주택사업 추진 시 기부채납과 관련한 예측 가능성을 높이고, 지자체의 과도한 기부채납[2] 요구를 줄이는 방안이다. 주택조합이 원활하게 대지를 확보할 수 있도록 주택사업자의 자체 보유택지 매입도 허용하고, 개발제한구역 해제지역의 공공택지 내 주택에 대한 전매제한과 거주 의무 기간도 현실에 맞게 완화하는 내용이다.

2017년까지 3년간 한시적으로 대규모 공공택지 지정 중단

과거 공공 주도로 도시 외곽 지역에 대규모 택지를 공급하는 방식에서 탈피하고, 공급 물량도 특정 시기에 집중되지 않도록 조정하는 방안이다. 대규모 택지 공급 시스템인 '택지개발촉진법'을 폐지하고 2017년

---

1) 소형주택 의무 건설이란?
주택 재건축사업 시 소형주택(60㎡ 이하) 의무건설 비율 : 수도권 과밀억제권역 내 건설하는 300가구 이상 주택에 대해 전체 건설 호수의 20% 이상을 전용면적 60㎡ 이하로 건설하도록 하던 규제가 2014년 9.1 대책 때 폐지되었다. 개정안은 주택재건축사업에 대해 국민주택 규모(85㎡ 이하) 건설 비율(60% 이상) 등 최소 제한만 남기고, 소형 평형(60㎡ 이하) 공급 비율 등을 시·도 조례에 위임하고 있는 규정을 폐지한다.

2) 기부채납이란?
기부채납은 개발사업 주변 지역의 필수시설이 부족해질 것을 우려하여 사업자에게 해당 시설을 마련하도록 요구하는 것이다. 현재 국토계획법은 지자체가 개발사업에 대한 인허가 조건으로 사업자에게 기반시설 설치 등을 요구할 수 있도록 하고 있다. 지자체들이 이를 근거로 사업자들에게 사업과 관련된 기반시설 설치는 물론, 사업과 무관한 기부채납을 요구하는 경우도 있다.

까지 한시적으로 LH의 대규모 공공택지 지정도 중단하였다.

사업계획 승인 이후 착공 의무 기간을 3년에서 5년으로 연장하여 시장 상황에 맞게 주택이 공급될 수 있도록 유도한다. 또한 수도권 외곽, 혁신도시 등 공급 과잉이 우려되는 일부 지역에서는 LH 분양 물량 일부를 후분양으로 전환하고, LH 등 공공기관이 민간에 매각 예정인 택지 중 2조 원 규모를 토지은행을 통해 비축하며, 시장 상황에 따라 매각 시기를 조정한다. 이는 부동산 시장을 완화하고 정비시장을 이제 도심 내부로 집중하겠다는 의지를 보여주는 정책이라 할 수 있다.

2015.4.1 분양가 상한제 폐지

2007년 주택시장의 과열을 막기 위해 도입된 분양가 상한제는 2015년 주택사업자가 분양가 책정을 자율화하도록 하였다.

2017.8.2 재건축 초과 이익 환수제 부활

2017.9.8 민간택지 분양가 상한제 적용요건 개선

공공택지는 의무적용, 민간택지는 주택법 시행령상 정량 조건을 충족하는 지역 중 주거정책 심의위원회를 통해 선정된다.

2018.9.13 수도권 공공택지 30곳 개발(30만 호)

상업지역 주거 비율 및 준주거지역 용적률 상향 등의 도심 내 규제 완화를 통해 공급을 확대할 계획이다.

2020. 7.29 민간택지 분양가상한제 부활

신규 분양 아파트의 가격 안정화를 위해 적정 분양가를 지정하여 실행하였다.

2020. 8.4 공공재개발, 공공재건축 사업(수도권 주택공급 확대 방안)

노후된 공동주택의 용적률 및 층수 등 도시규제 완화와 공공 인허가 절차 지원 등을 통해 인센티브를 제공하는 사업방식이다. 한국주택도시공사(LH), 서울주택도시공사(SH공사) 등 공공이 정비사업에 참여해 조합원 물량을 제외한 50%를 임대주택으로 공급하는 대신 종상향, 용적률 상향, 분양가 상한제 제외, 기부채납 완화 등의 공적 특례를 제공하여 추진하는 정비사업이다.

2021.2.4 3080 + 공공주도 도심공공주택복합사업

2025년까지 서울 32만 호를 포함하여, 전국 대도시 약 83만 호 주택공급 부지를 확보한다는 방안이다. 도정법이 아닌 공공주택법을 기반으로 시행하여 토지수용 방식을 적용한다. 인센티브로 용적률 최대 500%까지 상향, 층수 50층까지 완화하며 아파트 브랜드도 입주민, 조합원이 직접 결정하도록 한다. 재건축 초과이익 환수나 분양가 상한제 적용을 받지 않는다.

2021.9 신속통합기획(2025 도시, 주거 환경정비 기본계획 근거)

신속통합기획은 민간이 정비사업을 주도하되 서울시가 초기 단계부터 조합과 함께 계획안을 마련하는 방식으로 진행된다. 이 사업의 핵심은 통상 5년 정도 걸리는 정비구역 지정 기간을 2년으로 대폭 줄이는 것이다. 도시계획 결정 기간, 사업시행인가 단계에서 건축·교통·환경 통합 심의를 통해 전체 소요 기간이 줄어드는 것이 장점이다.

재건축 단지는 재개발과 달리 안전진단 통과 단지라면 수시로 신속통합기획 신청이 가능하다. 주민이 자치구에 신청서를 접수하면 자치구 검토 후 자치구에서 서울시로 신청한다.

2022.1.5 서울시 역세권 준공업지역 소규모 재개발

서울시는 사업 활성화를 위해 3년간만 역세권 범위를 350m 이내로 적용하여, 낙후된 역세권과 준공업지역에 소규모 재개발 사업을 도입하였다. 용적률을 최대 2.5배 높여 고밀 개발의 문턱을 낮추는 대신 완화된 용적률의 절반은 공공임대주택, 공공임대상가 등으로 활용한다. 공공시설을 확충하며 지역산업 활성화를 돕는 사업이다.

4

주택관리와 운용의
시대가 왔다

"집을 얼마나 잘 운용하며 관리하고 집의 가치를 어떻게 찾느냐가

주택시장의 패러다임으로 자리 잡을 것이다."

– 土美 –

그간 한국의 주택 시장은 새로 지어서 공급하는 방식 위주였다. 건설사는 대규모 택지를 개발하고 신규 주택을 분양하여 이익을 얻고, 입주자는 몇 년 후 시세 차익으로 이익을 얻는 구조였다. 주택 시장이 신규 공급에 치중되어 있다 보니 주택 임대, 관리, 운영 서비스 등은 크게 발전하지 못했다. 그러나 앞서 언급한 라이프 스타일 변화와 노후화 등으로 인하여 부동산 트렌드가 급격히 바뀌고 있다. 부동산(house)에서 보금자리(home)로, 구매(buy)에서 거주(live) 그리고 사용(use)으로 변화하고 있는 것이다. 대세는 '주택 관리' 시장으로 옮겨가는 중이다. 부동산 트렌드의 변화를 체감하게 해줄 사례를 소개한다.

리조트를 카페로 리모델링한 제주도 새빌 카페

옛집 리모델링으로 새롭게 발굴되는 카페 거리

　100년 가까이 된 한옥들이 모여 있는 서울시 종로구 익선동은 리모델링으로 마을의 위상이 바뀐 곳이다. 후미지고 낡은 한옥마을이던 익선동은 개량 한옥을 현대적으로 개조한 레스토랑과 카페가 곳곳에 들어서며 그야말로 서울의 핫 플레이스로 떠올랐다.

　임대료가 치솟으며 젠트리피케이션(gentrification, 외부인이 들어와 임대료가 오르며 원주민이 퇴출당하는 현상)에 대한 찬반 논란마저 제기되는 상황이다. 젠트리피케이션에는 분명히 명암이 존재한다. 슬럼화된 상태로 유지되는 것보다는 도심재생 차원에서 상권이 활성화되는 편이 더 나은 선택지라면 임대료의 적정한 상한가는 필요하다고 하겠다.

　성수동은 주택 사이사이 공장과 창고가 자리 잡은 오래된 지역이었으나 창고와 공장을 리모델링한 복합 문화공간이 들어서며 힙스터

(hipster)들의 명소로 진화했다. 골목 곳곳에는 30~40년 된 옛집을 리모델링한 카페와 레스토랑이 들어서며 새로운 상권이 형성되었다. 이렇게 성수동, 익선동, 해방촌, 연남동, 후암동 등 낡은 주택가가 리모델링을 통해 새롭게 '발굴'되는 일이 늘어나며 예스러움을 간직한 구도심에 대한 관심도 높아지고 있다.

한옥의 재발견

서울의 서촌과 효자동, 사직동 등은 익선동에 앞서 낡은 한옥 리모델링 열풍이 불었던 곳이다. 한옥을 리모델링하여 사무실과 갤러리, 카페 등으로 사용하는 모습을 어렵지 않게 볼 수 있다. 한옥의 멋을 살린 숙박시설로 활용하기도 한다. 한옥을 이용한 게스트하우스는 외국인뿐

개량한옥을 현대적으로 리모델링한 익선동의 카페

아니라 한국인에게도 인기가 있으며 도심을 벗어난 곳의 한옥을 활용한 산장이 힐링 여행지로 명성을 얻고 있기도 하다.

공용시설로 거듭나는 빈집들

서산시는 빈집을 철거하고 건물이 있던 자리를 주차장 등 공용시설로 활용하기로 했다. 이는 2016년 7월 20일부터 가능해진 '도시지역 내 빈집 정비' 규정에 근거하여 철거 동의를 받은 것이다. 이처럼 도심 속 흉물이 된 빈집을 공용시설로 활용하는 사례가 늘고 있다.

부천시의 경우 재개발 사업이 중단된 마을에 빈집이 늘어나자 담벼락에 벽화를 그리고, CCTV와 가로등, 횡단보도를 설치하여 환경을 개선했다. 부산시는 2013년 전국 최초로 빈집 정비 지원 조례를 만들어 빈집 정비에 나섰다. 빈집 1채당 800만 원의 철거비를 지원하며, 이렇게 생긴 부지는 3년간 공공용지로 사용한다.

2018년 2월부터 '빈집 및 소규모주택 정비에 관한 특례법'이 제정되어 빈집과 소규모주택 정비 사업은 더욱 활성화될 것으로 보인다.

도심의 흉물, 예술 공간으로 거듭나다

낡은 주택과 빈집을 활용해 마을을 예술촌으로 변신시킨 사례도 있다. 인천 남구청은 상권이 쇠락하여 빈 가게가 늘어난 시장에 2014년부터 젊은 예술가들을 유치하고 활동을 지원하고 있다. 이삼십 대 예술가 40여 명이 빈집을 빌려 꾸준히 전시와 공연행사 등을 열고 있다. 인천 중구 개항로에는 40년이 넘은 노포(老鋪)와 쇠퇴했던 골목이 새로운 콘텐츠로 입혀지고 있다.

폐기차 터널을 와인 숙성실로 개조한 독특한 사례도 있다. 경북 청도 군은 1937년 폐쇄된 경부선 터널을 와인 숙성고 겸 레스토랑, 카페로 활용한다. 총길이 1,000m가 넘는 대형 터널은 와인 숙성고로 사용하며 지역 명물이 되었다. 낡은 공장을 리모델링하여 문화공간으로 활용한 사례도 있다. 성수동 대림창고와 제주도 프롬더럭, 감귤창고 카페, 구름 언덕 등이 그 예이다.

도시의 과거와 현재, 미래를 생각하는 개발의 필요성

도시는 과거, 현재, 미래를 동시에 간직한 채 우리에게 다양한 체험

------------------------------ Remodeling Note ------------------------------

리모델링 후 집값이 5배 상승하다

◆

런던 남서쪽 변두리에 위치한 웨스트 노우드의 폐가를 매입한 어느 가족의 사례를 소개한다. 이들은 공포영화 세트장을 떠올리게 하는 폐가를 미화 71만 2천 달러에 샀다. 부촌의 반값 가격이었다. 쓰러져 가는 폐가였지만 식구 수가 많은 대가족으로서는 최선의 선택이었다. 이후 리모델링을 거치 고, 2000년대 이후 런던 집값 상승의 영향으로 현재 이 집은 318만 달러를 호가한다.

리모델링 전 폐가의 모습

리모델링 후 집값이 5배 상승

Old & New가 공존하는 유럽의 도시

을 선사한다. 13세기의 건축물과 제로 에너지 건물이 동시에 존재하는 유럽의 도시를 보라. 수많은 복원과 리모델링, 재건축을 통해 오늘날 관광객들은 역사적 체험과 건축적 아름다움을 동시에 느낄 수 있다.

영화 '레미제라블'이나 '향수' 등에는 중세 시대 파리의 가로와 골목이 나온다. 배수관이 마땅치 않은 비좁고 더러운 골목, 건강을 위협하는 위생 문제가 심각했던 도시는 1850년 오스만의 도시 설계로 거리의 수에 비례하는 지하도와 넓은 도로망을 갖추게 되었다. 문화유산을 보호하고 아름다운 스카이라인을 지키기 위해 고층 건물을 함부로 짓지 못하게 하는 파리 시내는 넘치는 수요에 비해 공급이 부족하여 주택 가격이 비싼 것으로 유명하다.

1800년대~1900년대 아파트들은 내부 구조가 착공 당시의 구조를 유지하고 있는 곳이 많아서 불편함이 크지만, 그 아파트 창문을 통해서 바라보는 몽마르트르나 에펠탑의 정경을 생각하면 고층 건물을 짓지 못하여 겪는 불편은 감수할 만하다. 과거를 간직한 채 미래로 나아가는 선진국 도시의 모습은 우리 도시가 앞으로 나아갈 방향에 대해 생각하게끔 한다.

5

도심 속 방치된 땅에
주목하라

이제 서울은 1970년대의 도시계획에서 벗어나야 하는 전환점을 맞았다. 마치 그 시작을 알리듯 우리가 그간 꺼려왔던 '기피 시설'과 '유휴 공간'이 변화할 준비를 하고 있다.

유휴 공간이란 '사용하지 않고 비어 있는 공간'이라는 뜻이다. 쓸모없는 땅이란 뜻이 아니다. 단지 사용하지 않는 상태의 땅으로 도시 군데군데 무관심하게 방치된 유휴지들이 존재한다. 각종 송사 문제와 다툼으로 건축하지 않고 있는 휴지기 상태의 건물도 있으며, 화력발전소, 변전소 등이 기능과 위치를 이전할 예정이다. 이처럼 쓰지 않는 공간이나 기피 시설에 다른 기능을 부여하고 관리하며 가치를 높이는 것이 앞으로 부동산 시장의 패러다임을 크게 바꾸리라 전망된다.

유휴 공간은 군사시설, 산업시설, 행정시설, 교육시설, 교통시설, 기타 시설 이적지와 도심 공동화 지역, 자투리 공간, 정기 시장 등으로 구분할 수 있다. 유휴 공간의 기능을 완전히 바꿔 녹지나 공원으로 조성하거나 문화, 예술 창작, 상업 시설 등으로 개발하면 부가가치를 높일 수 있다. 유휴 공간을 개발할 때는 해당 지역에 부족한 기능을 보완하고, 지역 커뮤니티와의 소통을 통해 참여를 이끌어내며, 부분적 개발이 아니라 도시 전체적인 계획과 연관될 수 있도록 고려해야 한다.

빽빽한 도심 속에서 유휴 공간은 얼마 남지 않은 기회의 공간이라고도 할 수 있다. 유휴 공간은 놀이터, 공원, 주민 커뮤니티 공간 등으로 다양하게 활용될 수 있으며 수익 모델로의 개발도 가능하다. 일례로 주차 공간이 부족한 저층 주택가에서 유휴 공간을 주차장으로 활용하거나 창고를 지어 대여할 수 있다.

이외에도 포화 상태의 도심에서 개발 가능한 공간으로 주목받는 곳은 바로 기피 시설이다. 도심에 대규모 단지를 조성하기 위해 기피 시설이나 공공기관 부지를 이전하는 계획이 세워지고 있다. 부동산에 관심 있는 분들에게는 이 또한 개발 호재와 관련된 하나의 힌트가 될 것이다.

상전벽해, 기피 시설의 변신

정부가 수도권에 보유한 국·공유지 중 아파트나 복합시설물을 지을 만한 곳은 극히 제한되어 있다. 군부대와 공공기관 이전 부지 정도의 규모가 되어야 한다. 나머지는 국립공원이나 잡종지 등으로 대규모 단지를 조성하기에는 부적절한 곳이 대부분이다. 이에 교도소 등 기피 시설을 이전하여 부지를 확보하려는 움직임이 일고 있다.

1. 교도소가 떠난 자리

서울 구로구 고척동 옛 서울남부교정시설(영등포 교도소)터에는 고척1

동 청사 복합화 사업이 진행되고 있다. 적용된 생활 SOC(Social Overhead Capital, 사회간접자본) 복합화는 문화, 의료, 복지, 공원, 교통 등 국민편의 시설을 2개 이상 복합화하여 하나의 부지에 연결해서 짓는 개발이다. 복합청사 + 공공지원 민간임대주택 + 구로세무서 등 공공행정서비스와 임대주택, 복지시설이 연계된 서울 서남권의 행정타운으로 거듭나는 것이다. 이러한 개발은 주거 안정과 슬럼화된 지역을 재생하는 좋은 사례이다.

40년 동안 기피시설이었던 성동구치소는 2017년 개청 이후 문정 법조단지가 이전하여 업무, 법조, 관광, 주거, 생활 SOC 시설 등으로 옛 성동구치소 부지 지구단위계획을 이어가고 있다.

광주는 5.18 사적지로 지정된 문흥동 광주교도소 옛터를 활용하여 아시아 문화 전당을 설립할 예정이다. 광주교도소는 북구 삼각동으로 이전하고, 옛터에는 민주인권평화센터, 인권교육훈련센터, 세계인권미술관, 인권평화기념공원, 인권유스호스텔 등 청소년들이 현대사를 체험하는 공간이 조성된다.

2. 새로운 기회가 될 차량기지 이전

지하철 차량기지는 도시의 기피 시설이었다. 지역과 지역이 단절되기도 하고, 철로 소음과 분진, 넓은 토지를 효율적으로 사용하지 못했던 이유 등으로 도심 차량기지는 이전과 개발을 준비하고 있다. 이전 계획이 있는 차량기지는 창동, 구로, 수색 등이다.

도시가 팽창함에 따라 혐오시설로 기피하던 차량기지 이전은 수용지역과 첨예한 대립이 발생하고 있다. 개발토지가 부족한 도심에서 기존 차량기지 자리는 대기업 이전, 복합주거단지, 공원, 마이스(mice)산

차량기지명	현 위치 (서울시)	이전 검토 지역	연계 철도 노선
구로	구로구	광명시	–
방화	강서구	인천시, 김포시	5호선
신정	양천구		
수색	마포구	고양시	–
수서	강남구	수원시, 용인시, 성남시	3호선
신내	중랑구	남양주시, 구리시	6호선
이문	동대문구	–	–
창동	노원구	남양주시	4호선

업 거점으로 개발되어 지역의 핵심으로 탈바꿈할 전망이다. 20년 후 서울의 미래상과 발전 방향을 제시하는 서울의 최상위 법정 도시계획인 2030~2040 서울플랜(서울도시기본계획)에서는 생활권계획, 도시관리계획 등의 구체화된 방향성을 주고 있다. 기존의 용도지역 제도를 개선 발전시키고 서북, 서남권 개발계획을 많이 다루는 만큼 기존의 소외된 공간을 핵심지와 연계하여 좌우 균형을 강조하고 있다.

3. 주거지에서 사라지는 시멘트 부지

광운대역 인근 14만 8,166㎡ 부지에 상업업무용지, 복합용지, 공공용지 등이 들어서는 광운대 역세권 개발 부지 내의 시멘트 저장 시설 사일로는 40여 년간 인근에 분진, 소음, 진동 등을 발생시켰으나, 향후 주거와 상업, 업무가 복합적으로 개발되면 단절된 지역이 교류하고 사람과 돈이 모일 것이다. 서울숲과 한강, 문화, 공원을 융복합한 문화공원이 기대되는 성수동 삼표래미콘 공장은 문화시설, 관광명소로 개발될 예정이다

4. 집창촌과 쪽방의 이전

　노후 불량 주거지의 대표격인 집창촌과 쪽방은 역사 인근에 있는 경우가 많다. 거주민에 대한 주거 대책 마련과 생업 침해 등의 문제로 인해 개발사업이 순조롭지 못했었다. 영등포동 4가 431-6번지 일대 노후 및 불량건축물, 도심 부적격 시설인 쪽방촌이나 집창촌 등은 상업, 업무시설을 갖춘 고밀도 복합개발을 추진 중이다. 강남에 이어 영등포, 여의도를 서울 3대 도심으로 승격시킨 '2030 서울도시기본계획'의 내용을 반영하여 서울 핵심 중심지 기능이 심어지는 것이다.

　미아리 텍사스촌이라고 불린 서울 성북구 하월곡동의 집창촌 일대, 강동구 천호1구역 텍사스촌, 동대문구 청량리4구역 청량리588 등 서울의 3대 집창촌이라고 불렸던 곳에 초고층 주거단지와 업무시설이 형성되면서 지역의 용도가 바뀌고 있다. '청량리588'이라 불렸던 서울 동대문구 청량리 전농동 일대 청량리 4구역은 약 4만㎡ 규모 부지에 지하 8층~지상 최고 65층, 4개 동 아파트 1,425가구와 오피스텔, 백화점, 호텔, 오피스 등으로 구성된 고층 주상복합단지가 청량리역과 만나 교통, 상업, 편의시설을 갖춘 강북 랜드마크로 자리매김하고 있다. '은하수 마을'로 불렸던 수원역 집창촌은 소방도로 개설사업과 상업지구로의 개발을 앞두고 있다.

> Remodeling Note
>
> **알아두면 좋은 기피 시설**
> **이전과 개발 계획**
>
> ◆
>
> **시멘트공장, 연탄공장**
> 수색 삼표산업, 성수동 1가 삼표 레미콘 공장, 광운대역 시멘트 기지 철거
>
> **교도소**
> 고척동 서울남부교정시설터, 영등포 교도소 터, 성동구치소 터, 광주교도소 옛터
>
> **집창촌**
> 영등포역, 청량리역, 수원역, 하월곡동, 천호동 등

5. 소음으로 기피했던 비행장이 문화도시로

1954년 수원시 권선구 장지동 일대 6.3㎢에 들어섰던 수원 비행장 부지 이전을 논의 중이다. 인근 주민들은 60여 년 동안 소음에 시달려왔으며, 수원시 절반 정도 되는 면적이 고도 제한을 받아왔다. 그러나 2013년 군공항 이전 특별법 제정으로 지자체와 국방부가 협력하여 이전, 개발 등이 가능해졌다.

이곳에는 스마트 폴리스, 환경, 문화, 주거, 첨단기술 등 친환경 첨단 복합공간이 어우러진 신도시, 즉 첨단 산업단지, 자족형 주거단지, 상업시설, 친환경 공원을 조성한다. 공군 비행장이 있던 지역과 인근 지역은 건축물 제한이 풀려 다양한 건축 행위를 할 수 있게 된다.

6. 화력발전소가 문화발전소로

당인리 발전소 부지는 '마포새빛문화숲'으로 탈바꿈되어 도서관, 박물관, 공연장 등의 문화예술 체험을 하는 지역 문화벨트가 되었다. 폐기된 발전소는 산업유산 체험공간, 공연장, 전시장 등의 문화창작공간으로 변신할 계획이다.

7. 수색변전소가 사람이 모이는 장소로

현재 30~40년이 넘은 노후 변전소는 전국적으로 40여 곳이다. 전체 5%가 넘는 비율이다. 이로 인해 전력 공급이 갑자기 끊기는 대규모 정전사고나 과부하가 왕왕 발생한다. 서울과 경기 일대 주택가와 밀접한 까닭에 기피 시설 중 하나였던 수색변전소 지중화 작업이 예정되어 있다. 변전설비와 송전탑을 지하에 묻고, 지상은 업무, 판매 부지로 복합개발될 계획이다.

알아두면 좋은 부대 이전과 개발 계획(정책상 변동 가능)

◆

서울 송파구 거여동 육군 특수전사령부(155만㎡)

2016년 7월 이전이 완료된 거여동의 육군 특수전사령부 부지 약 47만 평은 주거 시설로 개발될 계획이다.

서울 서초구 서초동 정보사령부 부지(9만 1,597㎡)

정보사령부는 경기도 안양으로 이전이 완료되었다. 기존 정보사령부 부지 일대는 공개 입찰로 매각되었으며 공연장, 전시장, 연구소, 체육시설, 업무 시설 등 대규모 복합문화센터가 조성될 예정이다.

경기도 의정부시 고산동 캠프 스탠리(245만㎡)

캠프 스탠리는 2017년 이전 이후 기존 부지에 복합문화융합단지 및 공원 조성을 통해 일자리 창출과 경제 효과를 기대하고 있다.

서울시 용산구 미8군 사령부(243만㎡)

미8군 사령부는 2017년 경기도 평택으로 이전하였고 기존 부지에는 공원이 들어설 전망이다.

경기도 동두천시 보산동 미2사단

미2사단은 2017년 경기도 평택으로 이전 후 그래피티 아트 등의 공공 미술로 특색 있는 장소로 거듭나고 있다.

서울 금천구 독산동 도하부대(19만 2,830㎡)

경기도 이천시 장호원으로 이전한 후 기존 부지에는 금천구청과 금천구의회 등이 들어서는 종합행정타운이 건립된다.

경기도 수원시 수원 공군기지(525만㎡)

수원공군기지는 2017년 이전 부지 확정을 목표로 최종 후보지를 정할 예정이다. 비행장 부지의 일부는 공원과 도시기반시설로 활용하고 나머지는 매각하여 이전에 필요한 7조 원의 재원을 확보한다.

수색차량기지

지중화 작업이 완료되면, 상암동과 마주하고 있으나 입지 대비 상대적으로 저평가되었던 수색·증산 뉴타운 지역이 수색차량기지 이전과 더불어 변화하리라 기대된다.

2013년 '2030 서울플랜'을 통해 7대 광역 중심지 중 하나로 선정된 수색 역세권은 차량기지 이전 부지에 업무, 상업시설 등의 복합단지를 조성하는 사업이 추진되고 있다. 기존 수색 차량기지는 상암과 수색을 물리적으로 가로막는 큰 벽이었다. 인프라가 갖춰져 있는 상암과 수색 지역을 잇는 남북 연결도로가 생기고, 3개 노선(경의선, 공항철도, 도시철도 6호선)이 통합된 복합 환승 거점이 조성되어 상암, 수색 지역이 하나의 권역으로 묶인다면, 사람 발길이 없던 곳이 디지털 미디어 산업의 거점이 되어 상업과 주거지역으로 거듭날 것이다.

8. 고가차도가 공원으로

서울시는 도시미관과 안정성을 이유로 1960~70년대 시공된 노후 고가차도를 철거 중이다. 고가차도는 물리적으로 차도 건너편을 가로막고 있지만 철거되면 이야기가 달라진다. 없던 상권이 개발될 수도 있으며 기존 상권이 죽기도 한다. 막혀 있던 길이 평면으로 바뀌면 '차' 위주에서 '도보' 위주로 되어 상권이 발전할 여지가 있다. 2017년부터 단계적 철거에 들어간 서울시 철거 대상 고가는 다음과 같다.

> **서울시 철거 대상 고가**
> ◆
> 한남2 고가, 구로 고가, 노들남 고가, 노들북 고가, 선유 고가, 사당 고가, 강남 터미널 고가, 영동대교 북단 고가

서울역 고가 보행길 '서울로 7017'은 1970년도에 시공된 서울역의 노후된 고가를 공원화하였다. 서울로와 주변 건물을 연결하는 작업을 통해 그동안 교통 환승지 기능만 있던 장소를 문화와 여가 공간으로 변화시켰다. 공중 보행로인 서울로 2017은 도심에서 기피 시설을 이전 혹은 지하로 옮기고 보행을 공중에서 즐길 수 있게 하는 첫 시도인 셈이다(일본에서는 이미 시도되었음).

앞으로 광화문 지하가 일본의 롯폰기 힐스처럼 보행길이 되고, 서울역~용산역까지의 철로가 지하화되며, 종로구 세운 상가 데크가 남산까지 연결된다면 도심

> Remodeling Note
> **앞으로 선호 지역이 될 곳은?**
> ◆
> ❶ 성동구 서울숲
> ❷ 마포 당안리 발전소 일대
> ❸ 삼성역–잠실종합운동장
> ❹ 용산 민족공원
> ❺ 마곡지구 보타닉 공원
> ❻ 길동 생태공원
> ❼ 성동 구치소 이적지 개발 일대

에서의 보행은 또 다른 입체 공간의 경험을 선사할 것이다. 서울시는 서울로 7017과 인접한 중구 회현동 일대 50만㎡를 '남촌'으로 재생할 계획을 가지고 있는데, 이는 조선 시대 남촌을 재현하는 '서울역 일대 도시재생 활성화 계획' 사업에 포함되어 있다.

기피 시설 부지와 그 인근은 서울 시내에서 얼마 남지 않은 저평가 지역이라 할 수 있다. 이미 포화 상태라 할 서울 안에 대형 복합 시설과 자연 녹지 시설이 들어서는 것은 그 자체로 호재가 된다. 자연히 유동 인구가 몰리며 이제까지는 아무도 쳐다보지 않던 지역이 유망한 투자처로 떠오르게 될 것이다. 부동산 투자, 특히 상가 투자에 관심이 있다면 지금까지 소개한 지역의 변화를 눈여겨보자.

빈땅을 주차장으로 활용하는 예

주차장 공유 사업

빈집은 흉물스럽게 방치되어 도시 미관을 해치며, 각종 생활폐기물이 쌓이고 주변이 슬럼화되어 사회 문제가 된다. 한편 구도심이나 원도심일수록 주차장이나 공원 등의 지역 시설이 열악하여 불편한 점이 많다. 골목골목마다 주차난에 골치다. 이러한 문제를 해결하는 방안으로 용산구는 '주차장 공유사업'을 통해 빈집을 철거하고 그 자리에 소규모 주차장을 조성하였다. 빈집은 소유주의 반환요청이 있을 때까지 공용주차장으로 사용되며 소유주와 주차장 사용 협약이 이루어진다.

이러한 사업은 지자체마다 다르게 시행될 수 있다. 지역을 잘 알고 있는 관리부서나 지역주민의 의견이 반영되면 실질적인 주차난 해결에 역할을 할 수 있을 것이다. 개발이 진행 중이거나 해제된 지역의 주차 문제에도 도움이 될 수 있다. 도심에 위치한 공동주택이 아닌 저층주택 가운데 주차장은 협소하나 입지가 좋은 경우가 있다. 이럴 때 주차장 공유사업을 제안하거나 고려해 볼 수 있다.

서울시 시유지의 부활

2016년 서울시는 전체 시유지 가운데 개발이 가능한 유휴 용지를 위한 데이터베이스를 구축했다. 특히 개발 가능성이 큰 300~1만㎡ 크기의 중규모 용지 670곳(127만 8,000㎡)을 선별한 결과, 향후 10년 이내에 재개발할 만한 '중점 활용 시유지'는 149곳으로 조사됐다. 단순 유지와 보존 관리 목적으로 저활용되었던 시유지를 본격적으로 개발한다.

현재 시유지는 서울시 전체의 15%를 차지하고 있는데, 여의도 면적의 31배에 달할 정도로 규모가 크다. 서울시는 시유지 가운데 활용 가치가 높은 곳을 선정해 주거와 업무, 상업시설 등을 조성할 계획이다. 개발방식은 캠코, LH, SH 등 공공기관이 사업자로 참여해 공공성과 수익성을 확보하는 위탁개발로 진행될 예정이다.

이러한 시유지는 역세권에 준주거지역인 경우가 많으므로 고밀도 복합개발이 되면 오피스 빌딩과 공연장, 도서관, 강당 등 주민들을 위한 복지시설, 주민편의시설 등이 들어설 가능성이 크다. 인근 지역 주민에게는 편리한 일이다. 특히 커뮤니티 시설이 부족한 지역에서는 유동 인구가 모일 가능성도 보인다.

6

변화하는 상가와
상권 지도

코로나19로 인해 사람이 모이는 횟수가 줄어들었지만 사람이 모일 수 있는 장소에 대한 관심은 커지고 있다. 옛집 리모델링을 통한 상권 개발이나 노후 상가 리모델링에 관심이 있다면 변화하는 상가와 사람이 모이는 장소에 대해 살펴볼 필요가 있다.

리단길의 진화

노후된 골목에 맛집과 멋집 콘텐츠가 입혀지면서 리단길이 시작되었다. 연리단길, 망리단길, 용리단길, 송리단길, 객리단길, 평리단길, 황리단길, 해리단길, 봉리단길 등 전국의 리단길은 20곳이 넘는다. 2015년 이태원에서 시작된 경리단길을 필두로 각 지역의 특색과 개성 있는 개인 점포가 입소문과 SNS로 승부한다. 이러한 골목 상권의 최대 수요자는 남들과 다른 상품을 찾고 즐기는 MZ세대이다. 리단길의 성장에는 MZ세대의 소비 성향이 한몫했다고 할 수 있다.

영등포구 문래동

플리마켓, 유휴 공간의 경관을 바꾸다

　본래 '벼룩시장'을 의미하는 플리마켓(flea market)은 세상에 단 하나뿐인 물건을 사고파는 노마드(nomad) 마켓의 새로운 모습이다. 고정적이지 않은 장소, 즉 공원이나 행사장, 유휴 공간에 SNS를 통해 사람들이 모이고 마켓이 열린다. 원래 플리마켓은 주말마다 중고 물건이나 사용하지 않는 물건을 파는 곳이었지만, 우리나라에서는 예술가들이 직접 만든 창작물을 판매하기 시작하면서 고유한 플리마켓 문화가 형성되었다.

　홍대 앞 예술시장 플리마켓, 동대문 밤도깨비 야시장, 광화문 세종예술시장 소소, 서촌 예술시장, 연남동 동진시장, 쌍문 플리마켓, 서울숲 마

··········· Remodeling Note ···········

참여 가능한 플리마켓 (시기별 변동 가능)

◆

❶ 홍대 앞 예술시장 플리마켓
15년간 홍대 놀이터에서 자리를 지켜온 대표적인 플리마켓으로, 매주 토요일 오후 1시부터 시작된다.

❷ 제주도 플리마켓
평일, 주말대별로 운영하며 이국적인 풍경과 토속품을 만나볼수 있다.
벨롱장, 세화오일장, 멘도롱장, 트멍장터,서귀포 문화예술시장 등

❸ 서촌 예술 시장
감성 가득한 동네, 서촌의 플리마켓이다. 1, 2층에서 소규모로 진행되며 스카프, 가죽 제품, 액세서리 등 참가자들이 직접 만든 작품을 판매한다.

❹ 양평 문호리 리버마켓
매월 셋째 주 토요일, 문호리 강변을 따라 열리는 장이다. 손수 농사짓거나 만든 것을 판매하는 슬로우푸드로 유명하다.

주치장(場), 한남동 옥탑방 마당 플리마켓, 상수동 플리마켓, 목동 플리마켓 등 독특한 개성을 가진 다양한 플리마켓이 성황리에 열리고 있다.

이들 플리마켓은 단순히 물건을 사고파는 장소가 아니라 예술가와 소비자가 직접 만나는 소통의 공간이자 개성 강한 젊은 층의 축제 공간이기도 하다. 평상시에는 사용되지 않는 유휴 공간에 플리마켓이 들어서면서 일대 상권이 활기를 띠기도 한다.

유휴부지의 변신 서울숲 언더스탠드 에비뉴

서울시 성동구 서울숲역 3번 출구 앞에서 형형색색의 재미있는 컨테이너 공간을 만날 수 있다. 성동구가 취약 계층 자립을 위한 공익 공간을 조성하면서 대기업의 후원과 지원 프로그램으로 구성된 이곳은 초보 사업자와 소비자가 직접 만날 수 있어 공존과 상생을 도모한다는 평가를 받고 있다. 편집숍, 카페, 음식점을 넘어 전시, 공연장 등의 문화산업 복합클러스터로 개발될 예정이다.

서울숲 언더스탠드 애비뉴

수도권 동북부 경제 발전과 상권 변화의 신호탄이 될 <플랫폼창동61>

동북권 문화중심지가 될 환승 주차장

'플랫폼창동61'은 2025년 완공 예정인 '서울 아레나'의 마중물 사업이라 할 수 있다. 창동·상계 신경제 중심지 조성 사업의 신호탄과 같은 역할로, 대형 프로젝트 준비 기간 동안 한시적 활용의 시도로 이해하면 된다. '플랫폼창동61'은 버려진 컨테이너를 재생하여 서울 창동역 환승 주차장 부지 2,790㎡에 구성하여 한시적 복합 문화 공간으로 사용하였다. 각종 공연과 비주류 음악인들의 작업 거점으로 활용되었던 '플랫폼창동61'은 GTX-C 노선 정류장 건설을 위해 2022년 8월 철거 예정이다.

················ Remodeling Note ················

서브 상권이란?

◆

서브브랜드(subbrand)와도 일맥상통한다. 개인이 운영하는 개별 브랜드는 대형 상권을 벗어나 골목길이나 주택가에 위치하여 독특한 '멋'과 '맛'을 내는 개성 만점의 점포를 표방한다. 혼밥, 혼술이 새로운 라이프 스타일로 떠오르며 점포를 소규모로 유지하는 것이 특징이다. 익선동, 문래동, 봉천동 새로수길, 방배동, 망원동 등에 이러한 신흥상권이 생겨나고 있다.

이제 한국의 주택 노후도와
상권의 패러다임을 점검할 때

앞으로 주택은 질적·가변적으로 공급되며 상권은 질적·합리적으로 교체되기 시작할 것이다. 인구와 경제 구조가 바뀌고 사회 트렌드와 환경이 빠르게 전환되는 상황에서 부동산 시장 또한 변화를 피할 수 없기 때문이다. 한국의 주택 노후도와 그에 따른 대책, 투자와 개발에 대한 생각, 상권 패러다임을 재점검할 때다.

고밀화되는 도시의 재건축사업과 주거 환경 개선이 시급한 저층 주거지

기존에는 노후한 아파트라고 하면 무조건 재건축부터 떠올렸다. 그러나 이제 재건축사업 시행 조건이 만족되는 상황이 줄어들고 있으며, 또 변화하는 주거 문화와 인구 지형 속에서 대규모 재건축은 점점 고층화되어 가고 있다.

한편 80년대 중반~90년대 택지개발지구를 중심으로 대량 공급된 중·고층 아파트 등 주거 환경 개선이 필요한 노후 공동주택은 늘어나는 상황이다. 매년 증가하는 노후주택을 어떻게 재생하고 재건축할 것인지가 사회적 과제로 떠올랐다.

재건축, 재개발 사업이 필요한 지역이 점점 많아지지만, 주택 가격 폭등과 투기수요를 막는 재건축초과이익 환수제와 분양가상한제, 조합원 자격 제한 등에 부딪혀 순조롭지만은 않을 것이다. 기존 골조를 유지하면서 가구수를 증가시키는 리모델링 재건축은 허가가 좀 더 유연하며 안전진단, 노후도 등 정비법에 비해 더 빠르게 진행되므로 부동산 규제로 인한 풍선 효과로 앞으로 계속 성장할 시장이다.

최근 다세대, 다가구주택에 대한 건축규제가 완화되며 저층 주거지도 지속적으로 고밀화될 전망이다. 1980년 이전에는 70%였던 다세대, 다가구의 용적률은 2000년 이후 180~200%로 완화되어 층수를 더 높일 수 있게 되었다. 하지만 세대 수에 따른 주차장, 공원, 편의시설, 병원, 사회복지, 보육시설 등은 상대적으로 부족하여 주거지의 질적 환경이 유지되지 않고 있다.

우리나라 1인 가구의 67%는 저층 주택에 거주하는데, 이들이 주로 거주하는 노후 저층 주거지는 일조권 문제와 생활 범죄에 노출되어 있다. 전망에 따르면 2040년에는 서울 시내 10가구 중 7가구가 1~2인 가구가 될 것이라고 한다. 만약 현재와 같이 저층 주거지가 계속 고밀화, 노후화된다면 양극화로 인한 사회적 소외가 발생하고 이것이 사회 문제로까지 번질 수 있다.

눈앞의 문제를 해결하는 데만 급급한다면 10년, 20년 뒤 한국의 주택은 기후 변화와 인구 변화에 대응할 수 없을 것이다. 노후로 인한 안전 문제와 공동화가 심각한 이슈로 떠오를지도 모른다.

필자는 리모델링 실무자로서 재건축과 재개발의 사각지대에 놓인 지역 혹은 개발 해제 지역의 수많은 노후주택이 가진 절절한 문제를 현장에서 보았고 체험했다. 노후주택과 상가 리모델링은 이익 실현의 수단인 동시에 도시재생에 일조하는 의미 있는 일이기도 하다. 그런 의미에서 많은 독자가 이 책을 통해 정보를 얻고 부동산에 대한 사회적 안목을 키우기를 희망하는 바이다.

리모델링으로 임대료가 껑충

서울의 중심에 위치한 단독주택으로 4개 층인데도 총면적은 82㎡에 불과했다. 지하에 방 1개, 1층에 방 1개, 부엌, 화장실을 갖춘 한 세대(101호)와, 3층에 방 1개, 부엌, 화장실과 4층에 방 1개, 창고 1개를 갖춘 또 다른 한 세대(201호)로 이루어진 집이었다. 이 집은 2014년에 경매로 1억 4,400만 원에 낙찰받아 한 달 반 동안 수리를 거쳤다. 30년이 넘은 노후 단독주택의 리모델링 주안점은 취약한 단열과 채광의 성능을 높이는 것에 두었다. 작지만 따뜻하고 누수 없는 주택으로 재탄생시키는 것이 중요한 리모델링의 요소이다.

상세내용

- 층수 : 총 3층 / 82㎡
- 낙찰 : 1억 4,400만 원 (2014년)
- 현 시세 : 5억 원
- 수리비 : 900만 원
- 월세 : 기존 보증금 500만 / 월 20만 ⋯› 현재 4,000만 / 60만
  기존 전세 6,000만 원 ⋯› 현재 보증금 8,000만 / 월 60만
- 환산보증금 = 보증금 + (월세 × 100)
  ⋯› 1억 2,000만+(120×100) = 2억 4,000만 원

지하 1층 방으로 내려가는 계단 변화

외벽 및 현관문 도장만으로도 건물 이미지가 크게 달라진다

노후된 주택일수록 보일러가 실내에 설치되어 있는 경우가 많다. 이러한 경우 화재, 누수, 가스 유출 등에 취약하므로 별도의 환기창과 경계벽, 배기구 등 별도의 설치 기준에 따라야 한다.

인구와 세대 수 변화로 더욱더 집중될 도심

일산의 킨텍스와 삼성의 코엑스는 비슷한 목적으로 세워졌으나 유동인구와 전시, 행사 횟수에서 확연한 차이를 보인다. 물론 첨단 산업과 인텔리전트 빌딩은 도심의 핵심에 위치할 수도 혹은 외곽에 자리 잡을 수도 있다. 하지만 바쁜 현대인들에게는 시간을 단축할 수 있는 교통 연계성이 곧 장소의 효율성으로 여겨지므로, 도심으로의 집중이 더 가속화될 가능성이 크다.

직장과 주거, 상업, 문화, 글로벌 커뮤니케이션, 교육, 교통이 한 곳에 어우러지는 이른바 콤팩트 시티, 멀티플렉스의 시대가 왔다. 도심재개발과 대규모 복합시설의 개발은 우리나라 부동산과 건축의 주요 테마가 되었으며 그에 따라 노후한 건물의 활용과 계획, 그에 관한 방침은 커다란 화두가 될 것이다.

PART

2

돈 되는 리모델링

8

노후가 가속화되는 주택 시장

노후주택, 그중에서도 특히 공동주택 보수는 준공연도에 따라 맞춤형 접근을 할 필요가 있다. 건물 사용승인과 준공검사 통과 기준 등이 지금의 법규와 달랐기 때문이다. 모든 건물은 신축과 동시에 하자 문제가 발생할 수 있는데, 구옥에서 가장 빈번하게 나타나는 하자는 누수와 옥상 방수 결함, 크랙 등이다. 우리나라 주택 시장의 변화를 통해 노후도에 따른 맞춤형 접근법에 관해 고민해 보자.

1970~1980년대

1980년대는 행정 기능 분산과 대단위 주거단지 개발이 활발했던

1970년대 건축된 아파트 단지. 옥상에는 방수 문제가 나타나고 있으며, 외벽과 창호, 단열, 보안, 수도배관 등의 노후도 문제와 결로로 인한 곰팡이 문제 등을 안고 있다.

대한민국의 30년 이상 노후건물 및 재개발 시행 현황

면적 4억㎡

30년 이상
노후건물 현황

잠재적 재건축
투자액
450조 원

재개발 시행 호수

2008년	19만 7천
2010년	10만 1천
2012년	2만 9천
2014년	5천

시기였다. 기존 주거지역 외에 새로운 유형의 신도시 개발이 시작된 것도 이때다. 1980년대 이전에는 단독주택 비중이 압도적이었고, 공동주택 중에서는 연립주택, 다세대주택 비중이 높았다. 국내 주택 공급이 아파트 위주로 재편된 것은 1988년 서울 올림픽을 기점으로 한다.

올림픽 시기에 지어진 것은 2018년 기준으로 30년 연식의 아파트가 되었다. 30년이면 재건축 연한의 사정 범위에 들어가는데, 최근 재개발, 뉴타운이 해제된 지역은 빌라 건축이 상대적으로 활발하다.

1990년대

1990년 서울 인구는 1천만 명을 넘어섰으며, 집값 상승의 영향과 임대차 기간이 1년에서 2년으로 연장되면서, 전세금이 3배나 뛰는 곳도 나타났다. 1988년 발표한 '주택 200만 호 건설 계획'은 분당, 일산 등의 신도시 계획으로 이어져 1991년에는 214만 호가 건설되었다. 엄청난 수로 지어진 아파트는 공급을 통한 수요 창출이 가능한 시장이 되었고, 서울 지역 아파트값은 평균 2.6배가 올라 마침내 투기 세력이 나타났다.

출처 : 아파트 시장 트렌드 변화 및 시사점(KB금융지주 경영연구소)

1980년대	1990년대	2000년대	2010년대

• 만성적인 주택 부족
• 공급자 주도 시장
• 주택 대량 공급
	• 만성적인 주택 부족
	• 공급자 주도 시장
	• 주택 대량 공급
		• 주택 부족 완화
		• 공급자에서 수요자
		  주도로 변화
		• 주택 품질에 대한
		  사회적 요구 증가
		• 재건축, 재개발의
		  사회적 이슈화
			• 주택의 질 중시
			• 임차 시장의 변화
			• 대량 공급 방식의
			  한계가 옴
			• 수요자, 공급자의
			  리스크 증가
			• 재건축, 재개발
			  리스크 증가

• 강력한 주택 및
  토지 규제
	• 주택 200만호 건설
	• 외환 위기 후 규제 완화
	  (분양가 상한제 해제)
		• 참여정부 때는 규제,
		  MB정부 이후 완화
			• 규제완화 및 시장친화
			  정책 흐름

• 부동산 금융 미비	• 부동산 금융 미비	• 부동산 금융시장의
		  성장 기반 마련
			• 부동산 금융 시장
			  성장 가속화
			• 다양한 자본 투자자의
			  등장
			• 시공사 주도 공급의
			  한계

2000년대

2000년대 이후 주택 보급률이 증가하면서 주택 시장은 수요자 중심으로 변화했다. 주상복합아파트인 강남구 도곡동 타워팰리스(42~69층)가 등장한 것을 계기로, 재개발·재건축 아파트 사업 시 30~40층 계획이 일반화되었다. 2009년 7월에는 건축법 시행령에서 초고층을 '50층 이상이거나 높이 200m 이상'으로 규정했다. 집값이 큰 폭으로 올랐으며, 분양가 자율화 이후 고가 아파트가 등장하면서 전체적인 아파트 가격이 상승했다. 민간 주도의 자율적인 공급이 확대된 한편 미분양도 증가했다.

2010년대

1인 가구, 고령화, 저출산, 외국인 거주자 증가, 베이비붐 세대의 은퇴가 본격화되어 주택 시장에 반영되기 시작했다. 여성의 소비 주도가 생겨나고 경제 양극화가 벌어졌다. 2010년 이후 주택 시장은 수요가 감소하고 재고가 확대되는 현상을 겪었다. 이에 소비자들의 주택 품질 요구에 부합하는 다양한 형태의 주택이 등장했다. 아파트는 전체 주택 재고의 60%에 이르고, 2000년대 이후 전체 공급 물량의 70%를 차지하는 등 주택의 대표적인 유형이 되었다.

9

리스크 없는 부동산 투자,
노후주택에 답이 있다

중소기업에서 25년간 근무한 H씨는 다니던 회사에서 명예퇴직을 권고받았다. 말이 권고지, 사실상 통보나 다름없는 소식에 망연자실해진 H씨. 가족이 먹고사는 데만 신경 쓰며 살아오다 보니 자신의 것은 하나도 챙기지 못했는데, 나이는 어느덧 이순(耳順, 60세)을 바라보는 상황이라니. H씨는 허탈감이 들었지만 '이제라도 내 인생을 살아보자'는 생각에 인생 2막을 준비하기로 했다. 은퇴 자금으로 그동안 모아둔 현금과 퇴직금을 합치니 3억 원 정도 되었다.

H씨에게는 꿈이 있었다. 은퇴 후에는 일에 너무 시간을 뺏기지 않고 취미 생활도 즐기며 사는 것이다. 그러기 위해 선택한 것은 부동산 임대업이었다. 생활비가 되려면 월 임대료 300만 원 이상 나와야 한다. 여러 방법을 알아본 H씨가 내린 결론은 역세권에 위치한 단독주택을 구입해 임대하는 것이었다. 150㎡ 가량의 단독주택을 매입해 1층은 용도변경하여 상가로 바꾸고, 2~3층은 다가구주택으로 리모델링했다.

그는 매월 350만 원의 임대 수익을 얻고 있으며, 리모델링 후 주변 호재로 집값이 상승하여 또래 베이비붐 세대 친구들의 부러움을 사고 있다. 노후주택 리모델링을 통해 안정적으로 부동산에 투자하고 있는 사례이다.

이처럼 실거주 및 투자 목적으로 저층 주택을 매입하는 경우가 늘고 있다. 아파트 일변도였던 투자자들의 관심이 저층 주택으로 이동하고 있는 것이다. 실제로 KB금융지주 경영연구소가 발표한 《2021 한국부자보고서》에 따르면, 지난 6년간 금융자산 30억 원 이상 부자들은 아파트 등의 거주 주택에 대한 투자 비중을 꾸준히 유지하면서 단독, 꼬마빌딩, 상가 등의 비거주 투자상품 비중을 늘려온 것으로 나타났다. 바야흐로 노후주택 리모델링이 '돈이 되는' 시대가 온 것이다.

이번 장에서는 한국의 노후주택 현황과 주택시장 전망, 비교적 저렴한 비용으로 안정적인 수익을 얻을 수 있는 노후주택 리모델링 재테크에 관해 알아보겠다. 개발 예정지, 개발이 해제된 지역, 개발 진행 중인 주택과 노후상가는 어떻게 사용하면 좋을까? 노후주택의 수명을 연장하고 가치를 높이는 방법으로는 무엇이 있을까? 정부의 도시재생 정책은 실제로 그 지역 주민에게 어떤 도움을 줄 것이며, 리모델링 시 어떤 도움과 혜택을 받을 수 있을까? 부동산과 리모델링 투자에 관해 독자 여러분이 궁금해하는 다양한 질문에 대한 답을 드리고자 한다.

주택 노후화는 당면한 현실 과제, 재건축만 바라볼 수는 없다

문제는 전체의 50%가 넘는 노후 건축물의 관리와 개선이 쉽지 않다는 점이다. 개별 건물의 건물주나 공동주택의 관리 사무소, 개발 연한이 도래한 조합원 등 각각의 입장과 상황이 상이해서, 지침이 공통될 수 없고 개선 방향에 대한 관리 또한 어렵다. 어떤 것은 멸실해야 하고, 어떤 것은 앞으로 몇 년간 더 수명을 연장해야 하고, 또 어떤 것은 대대적인 보수 작업에 들어가야 할 것이다.

필자는 서울에 거주하며 리모델링 실무와 부동산 투자 건으로 수도권의 수많은 노후건물을 방문했다. 그러면서 옹벽에 금이 간 곳, 시멘트나 벽돌 등 건물 외장재에 물이 스며들어 곰팡이와 이끼가 낀 곳, 전기와 각종 배관이 낡아 교체가 시급한 곳 등 우리 주변의 많은 건물이 노후화 문제에 직면해 있음을 목격했다.

그러나 재건축·재개발은 1장에서도 언급했듯 쉬운 문제가 아닐뿐더러, 설사 재건축·재개발 지역으로 지정되더라도 실제 입주하기까지는 서울 기준으로 평균 9년이 걸린다. 어쨌거나 당면한 문제를 해결해야만 하는 상황이다. 노후화가 시작된 주택의 수명을 조금이라도 더 연장하거나 착공까지의 시간을 단축할 미니 재건축 방안은 없을까? 지금부터 그 방법을 차근차근 찾아보자.

재건축·재개발 사업의 평균 소요기간은 8.7년

자료 : 서울시 정비사업 통계

정비 구역 지정		조합 설립 인가		사업 시행 인가		관리 처분 인가		착공		준공
	1.0년		2.2년		1.5년		1.2년		2.8년	

2000년 이후 서울에서 구역 지정이 통과된
재개발, 재건축 사업장 대상

재건축 평균
소요기간
9.7년

재개발 평균
소요기간
8.1년

서울시 주요 개발사업지 지도

도심공공주택
복합사업(개발 진행 중)

재건축 재개발
(개발 진행 중)

미아 뉴타운(개발 완료)

왕십리 뉴타운
(개발 완료)

은평 뉴타운(개발 완료)

성동구 성수전략정비구역
(개발 진행 중)

녹번역 재개발(개발 진행 중)

길음 뉴타운
(개발 완료)

청량리, 전농,
답십리 뉴타운
(개발 진행 중)

수색·증산 뉴타운(개발 진행 중)

응암동 재개발(개발 진행 중)

가재울 뉴타운(개발 진행 중)

잠실 재건축
(잠실5단지, 아시아선수촌,
우성, 미성, 장미, 진주)
(개발 진행 중)

북아현 뉴타운(개발 진행 중)

재건축 재개발
(개발 진행 중)

명일, 고덕,
상일 재건축
(개발 진행 중)

목동 재건축
(개발 예정지)

둔촌 주공 재건축
(개발 진행 중)

돈의문 뉴타운
(개발 완료)

가락, 시영 재건축
(개발 완료)

재건축 재개발
(개발 진행 중)

신길 뉴타운
(개발 진행 중)

개포 재건축
(개발 진행 중)

반포잠원
재건축
(개발 진행 중)

압구정 재건축(개발 예정지)

아현 뉴타운
(개발 진행 중)

흑석 뉴타운
(개발 진행 중)

대치동 재건축(개발 예정지)

한남 뉴타운
(개발 진행 중)

서초 재건축(개발 진행 중)

재건축 재개발
(개발 진행 중)

이촌 재건축
(개발 진행 중)

2022년 2월 기준
개발 완료 기준 : '분양'

10

도시정비 제도는
진화하고 있다

서울시 전체 주거지 면적 313㎢ 중 3분의 1에 가까운 111㎢는 저층 주거지이다. 이러한 저층 주거지의 70% 이상이 건축된 지 20년이 넘는 노후주택으로 구성되어 있다.

인천은 준공 30년 이상 된 노후 저층 주택 비율이 2015년 18.6%에서 2040년에 59.6%까지 증가할 전망이다. 부산시는 단독주택의 43.9%가 1979년 이전에 건축된 노후주택이다.

빌라, 다세대, 연립 등 저층 주택은 전면 재개발이 어렵다. 따라서 리모델링과 같은 방법으로 개선을 유도하기 위한 공공지원 방안이 속속 등장하고 있으며, 제도 개선도 이루어지고 있다.

개선되고 있는 도시정비 제도

1970년대 이후 산업화, 도시화되는 과정에서 대량 공급된 주택들이 노후화됨에 따라 이들을 체계적이고 효율적으로 정비할 필요성이 커졌다.

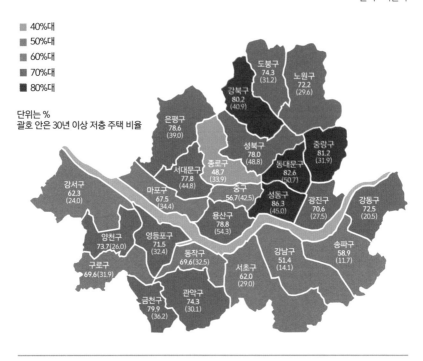

이처럼 변화되는 도시의 요구에 따라 정비사업 유형도 변화하고 있다.

국토교통부의 '2016 주거종합계획'을 보자. 복잡한 정비사업 제도를 알기 쉽게 전면 개편하는 안이 포함되어 있다. 2012년 가로주택 정비사업과 주거정비 환경사업 도입 이후 총 6가지로 늘어나며 복잡해진 내용을 3개로 통폐합한다는 것이다.

'주거환경 개선사업'과 '주거환경 관리사업'이 '주거환경 개선사업'으로 통합됐다. 노후 불량 건축물 밀집 지역을 대상으로 했던 '주택재개발사업' 및 상공업 지역 대상의 '도시환경 정비사업'은 '재개발사업'으로 묶였으며, 공동주택 지역 대상의 '주택재건축 사업'은 '재건축 사업'이 된다. 상태가 불량한 노후주택이 밀집한 가로구역을 대상으로 하는 가로주택 정비사업은 '소규모주택정비 특례법'으로 통폐합됐다.

노후 건축물 관련 규제가 완화되는 추세

명동과 인사동 거리는 1960년대 건축법 시행 전에 조성되어 사실상 재건축 사업이 불가능하다. 이처럼 현실적으로 현행 건축법 기준을 지키기 어려운 곳은 특별가로구역으로 지정해 완화된 건축 기준을 적용받을 수 있다. 서울 중구는 남대문 시장과 다동, 서소문 일대 등 도심 재개발 구역 및 세운 재정비 촉진지구의 규제 적용을 완화했다. 32%의 지구에서 사업이 지연되고 있는 것을 고려한 것으로, 층수 구분 없이 용적률 240%, 건폐율 90% 이하 적용을 받고 있다.

이처럼 국토교통부와 지자체에서 노후 도심의 건축 기준을 풀어주는 움직임이 늘고 있다. 재건축·재개발 지정이 안 되더라도 낡은 건물을 소유한 건물주에게 다양한 대안을 모색할 길이 열린 셈이다.

노후 건축물 정비 촉진 등 건축 투자 활성화 대책 발표(2015년 7월 9일)

- 결합건축제도 도입, 건축협정 활성화 등 소규모 정비방식 다양화
- 용적률 완화, 지방세 감면 등 방치 건축물 사업 재개 지원
- 민간투자를 활용한 공공 건축물 리뉴얼 활성화
- 노후 건축물 등 안전진단 강화 및 건축 관련 안전산업 육성
- 부유식 건축물 제도화, 복수용도 허용 등 건축 관련 법, 제도 정비 등

뉴타운 해제에 대한 출구 전략

    서울시가 직권해제 결정했거나 정비구역 해제 위기에 놓인 사업지에서 구역지정 연장이나 정비구역 재지정을 요구하면, 서울시 도시계획위원회에서 연장과 해제 등에 대한 무효사항 등을 검토할 수 있다.

서울시는 2016년 4월부터 직권해제 작업을 진행 중이다. 직권해제란 재개발 추진위나 조합이 자진해산하는 것과는 달리, 주민 갈등이나 사업성 문제로 추진이 어렵다고 판단될 때 시장이 직권으로 정비사업 구역을 해제하는 것을 말한다. 실제로 강북 일부 지역에서 재개발 사업에 반대하는 주민들이 토지 등 소유자 3분의 1 이상의 동의를 받아 직권해제를 요청하는 사례가 나타나고 있다.

서울시의 직권해제가 가능한 두 가지 경우는 다음과 같다.

· 토지 등 소유자의 과도한 부담이 예상되는 경우
· 정비예정구역 또는 정비구역 등의 추진 상황으로 보아 지정 목적을 달성할 수 없다고 인정되는 경우

정비구역 해제지에 대한 시비 지원

만약 정비(예정)구역 해제지가 자체적으로 공동시설이나 기반시설을 조성할 때 서울시에서 시비 지원을 받을 수 있다. 직권해제 유형에 따라 사용 비용의 70~100%까지 지원한다. 해제된 지역에서는 주거환경을 개선하기 위하여 가로주택정비 등 대안사업을 진행할 수 있다.

서울시 정비구역 현황

2012년 이후 정비(예정) 구역에서 해제된 지역은 전체 683개 중 328개이며, 해제가 추진되고 있는 지역도 51개에 이른다(2017년 1월 기준). 결과적으로 2012년 뉴타운 지역의 절반 이상이 이미 해제 또는 해제 예정인 것이다. 출구전략으로 다양한 방향이 제시되어야 하는 상황이다. 서울시는 정비구역이 해제된 지역의 주민이 원하면 주거환경관리사업과 가로주택 정비사업 같은 대안사업을 추진하고, 추진위원회 및 조합이 사용한 비용은 위원회의 검증을 거쳐 결정한 금액의 70% 이내에서 사업 매몰 비용을 지원할 방침이다. 해제 이후 대안 사업을 꾸준히 추진함과 더불어 지역이 슬럼화되거나 고립되지 않도록 주거환경을 개선하기 위한 구체적인 방법 제시가 필요하다. 해제구역의 특성에 맞게 유형별로 관리방안과 대책을 주민과 함께 논의해야 할 것이다.

서울형 도시재생 선도 지역 27곳

❶ 쇠퇴 · 낙후 산업지역
세운상가 일대, 서남권 준공업지역(G밸리), 장안평 중고차 매매단지 일대

❷ 역사 문화자원 특화지역
세종대로 일대, 마포 석유비축기지, 노들섬, 남산 예장자락, 당인리 발전소, 낙원상가 및 돈화문로 주변, 돈의문 일대

❸ 저이용 저개발 중심지역
서울역 역세권 주변, 창동 및 상계 일대, 코엑스~잠실운동장 일대, 광운대 역세권 주변, 상암 DMC 및 수색

❹ 노후주거지역
성곽마을 보전 및 관리 9개 권역, 백사마을, 해방촌, 북한산 주변, 서촌, 창신 숭인, 가리봉, 암사1동, 성수 1 ·2가동, 신촌동, 상도4동, 장위동
⎿━━━▶ 서울형 도시재생 시범사업

11

도시재생에 맞춰 완화되고 있는
소규모 정비기법

주거 공간을 개선하는 목적 외에도 부동산에 관심이 있는 사람이라면 새롭게 뜨는 주택 형태와 주택 모델에 관심을 가져야 한다. 저비용으로 기대 이상의 부동산 수익을 얻을 기회가 될지도 모른다.

서울시 2+4+8 개방형 단지 사업

뉴타운 해제 지역이 슬럼화되거나 난개발이 일어나는 것을 막기 위해 인접한 땅 주인들끼리 협정을 맺으면, 개별 필지를 합치는 번거로운 과정 없이 하나의 대지로 보고 건축할 수 있도록 하는 도시재생 방안이다.

이웃한 땅의 주인들끼리 2인 1조로 협정, 즉 동의만 된다면 인근의 또 다른 2인 1조와 합쳐 4인 1조를 만드는 식으로 최대 8인 1조를 구성해 건축할 수 있다. 일종의 '초미니 재건축 사업'으로 다양한 형태의 집을 건축해 작은 단지를 이룰 수 있다.

저층 노후주택을 증축하면 임대사업에 활용할 수 있어 수익도 기대할 수 있을 것으로 보인다. 도심 내 작은 땅을 소유한 경우 옆집 주인과 마음만 맞으면 건축할 수 있다. 주차장과 공용 공간 등을 통합적으로 관리할 수 있다는 것이 장점이다.

Remodeling Note

소규모 토지 구입 시
알아야 할 기초 분석

◆

❶ 해당 토지의 주소지를 파악한다.
주소지를 파악하면 해당 토지에 대한 규제 분석이 가능하다.

❷ 주변 상황을 파악한다.
재개발 · 재건축 구역인지 아닌지 구분한다.

❸ 건축물이 있다면 '0'으로 놓고 상상하라.

❹ 토지이용규제정보 시스템
간단 확인 / 법제처에서 법률 확인이 가능하다.

❺ 다가구 및 다중주택 vs. 다세대·연립·도시생활형 주택
전자면 수익형 부동산이며, 후자면 분양 대상이다.

❻ 전용주거지역/일반주거지역이라면 정북 방향과 일조 제한을 확인한다.

❼ 가설계 의뢰 후 주변 상권을 분석하고 시세를 파악한다.
소상공인시스템, 한국감정원 활용

❽ 월세를 받을 수 있는 금액과 대출이자 분석 후 수익률을 계산한다.

건축협정제도

P씨는 서울 중구 충무로 일대에 단층 건물을 가지고 있다. 준공 날짜는 1960년대로 매우 낡은 건물이지만 좀처럼 신축할 엄두가 나지 않는다. 신축할 경우 현재의 건축법을 적용받아 건물 면적이 너무 작아질까봐 우려되기 때문이다. P씨와 비슷한 고민을 가진 건물주들이 많다. 이러한 고민을 해소하고 싶다면 '건축협정제도'에 관심을 가져보자. 건축협정제도는 2014년 10월 이후 건축법 개정을 통해 시행되고 있다.

2015년 낡은 건축물에 대한 규제 완화를 골자로 하는 노후 건축물 정비 촉진 등 건축 투자 활성화 대책이 발표되었다. 2개 이상의 토지와 건물을 가진 소유자들이 '건축 행위와 건축물에 대한 세부사항'을 정하는 협정을 맺으면 건축법상 특례 및 완화된 규제의 적용을 받을 수 있다.

예를 들어 대로변 건물주인 A씨와 그에 인접한 B씨가 협정하면 건축법을 완화 적용받아 증축하거나 용적률을 대지간 조정하는 등의 인센티브를 받을 수 있다. 주거지 정비와 관리가 시급한 지역, 즉

··········· Remodeling Note ···········

건축협정제도
Summary

◆

2015 건축투자 활성화 대책 발표
(노후건축물 정비 촉진)

· 노후 도심 건축기준 완화

· 결합건축 제도
  → 결합건축으로 연간 9천억원 투자 창출

· 구도심 활성화
  → 건축주 간 자율 협의 가능, 접근로가 없어서 건축이 불가능하던 건물이라도 소유자 간 협정을 체결하면 하나의 대지로 간주하여 건축 가능

· 구시가지 재생 정책으로 민간투자를 유도할 수 있음

· 용적률 거래는 인접한 두 건축물을 동시에 건축하는 경우에만 가능하며, 기존 용적률 대비 및 도시계획위원회의 심의를 통과해야 함

2개 이상의 대지 소유자 간 협정이 이루어지면 용적률, 건폐율 등의 건축 기준을 단일대지 기준으로 적용받아 사업성을 높이고 공사비를 절감할 수 있다.

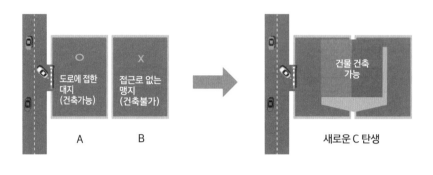

재개발 해제 지역에 있거나, 건물이 심하게 낡았는데도 불구하고 신축이나 리모델링을 주저하고 있다면 고려해볼 만하다.

건축협정제도는 전국적으로 주택 노후화가 심각한 가운데, 전국 단위로 철거 위주의 정비사업을 진행할 수 없는 현실을 감안한 대안이다. 노후 주거지에 활력을 불어넣고 도시의 경관을 바꾸는 등 활용될 수 있다. 하지만 건축법과 주거지 정비 등 제도적인 문제로 들어가면 일반인이 이해하기 어려울 수 있다. 노후 건축물을 소유하고 있다면 건축사와 상담할 것을 추천한다.

소유주가 다른 2~4개 필지를 묶어 주차와 조경을 공유하여 하나의 건물처럼 지으면 버려지는 공간을 없애 건축비를 절감할 수 있다.

못난이 맹지를 살리는 맞벽 건축

　민법 제242조에 따라 건물을 지을 때는 경계로부터 반 미터(0.5m) 이상의 거리를 두어야 한다. 이를 위반하면 인접 건물 소유자로부터 변경이나 철거를 요구받을 수 있다(단, 착수 1년이 넘거나 완공된 후라면 손해배상 청구만 가능하다).

　경계로부터 반 미터 이상 거리를 두어야 한다는 것은, 다시 말해 건축물 사이 간격이 1m가 되어야 한다는 이야기다. 커다란 건축물들의 사이가 겨우 1m라고 상상해 보라. 비좁은 골목이 형성되어 생활환경의 안전(CPTED, 건축물의 범죄 예방 설계)이라는 관점에서 문제가 될 수 있다.

　도시 미관 측면에서도 민법 제242조는 건축법과 상충되는 규정이다. 건축법에서는 도시 미관 및 토지 이용의 효율성을 높이기 위해 맞벽 건축을 규정하고 있기 때문이다. 맞벽 건축이란 일정 지역에서 도시 미관 등을 위하여 둘 이상의 건축물 외벽을 대지 경계선으로부터 반 미터 이내로 건축하는 것을 말한다(건축법 제59조 제1항 제1호). 맞벽 건축은 건축물 상호 간 벽을 맞대어 건축할 수 있어, 합벽(合壁)이라고도 불린다.

　맞벽 건축의 장점은 인접 대지 사이의 간격을 좁히거나 없앰으로써 자투리 공간을 활용할 수 있는 것이다. 면적을 확보할 수 있으므로 자칫 버려진 곳이 되기 쉬운 공간을 쓸모 있는 공간으로 탈바꿈시킬 수 있다. 텃밭이나 주차 공간 등으로 한정된 토지를 최대한 사용할 수 있는 것이다. 다만 화재 시 인접

> Remodeling Note
>
> ### 맞벽 건축 시 규정 충돌 문제
>
> ◆
>
> 맞벽 건축은 위의 민법 제242조 외에도 일조권 관련 규정인 건축법 제61조, 일정 거리 이상 띄워서 건축하도록 한 건축법 제58조 등과 충돌하는데, 건축법에서는 맞벽 건축 시 이 3가지 규정을 적용하지 않도록 하고 있다.

세대에 확산될 위험이 크기 때문에 주요 구조부는 내화 구조여야 하며 마감재료 역시 불연재를 사용하도록 규정하고 있다.

건축협정제도를 이용하면 맹지 건축이 쉬워진다

맞벽 건축은 민법상 규정하고 있는 최소한의 거리인 50cm 이내로 건축하는 것이다. 건물과 건물 사이가 너무 가깝다 보니 일조권과 조망권 등 환경권을 침해할 수 있다. 따라서 건축법에서는 맞벽 건축이 가능한 지역을 별도로 지정하고 있다. 맞벽 건축이 가능한 지역은 다음과 같다(건축법 시행령 제81조 제1항).

❶ 상업 지역(다중이용 건축물 및 공동주택은 스프링클러나 이와 비슷한 자동식 소화 설비를 설치한 경우)

❷ 주거 지역(건축물 및 토지 소유자 간 맞벽 건축을 합의한 경우)

❸ 허가권자가 도시 미관 또는 한옥의 보전과 진흥을 위해 건축 조례로 정하는 구역

❹ 건축협정구역

여기서 주목할 만한 것이 바로 '건축협정구역'이다. 앞서 설명했듯 건축 협정은 2개 이상의 대지에 대하여 토지 및 건축물 소유자 간에 체결할 수 있다. 협정이 체결되면 대지를 합필(대지 분할 및 합병)하지 않고도 하나의 대지로 간주하여 건축법 적용을 받을 수 있다. 다시 말해 건축법은 필지(구획되는 토지의 등록 단위) 단위로 적용되지만, 건축협정이 체결되면 토지 소유권은 필지 단위로 인정받는 동시에 건축법과 관련해서는 마치 하나의 대지처럼 적용받을 수 있다는 이야기다.

물론 주의할 점도 있다. 향후 소유자가 바뀌면 새로운 소유자와의 관

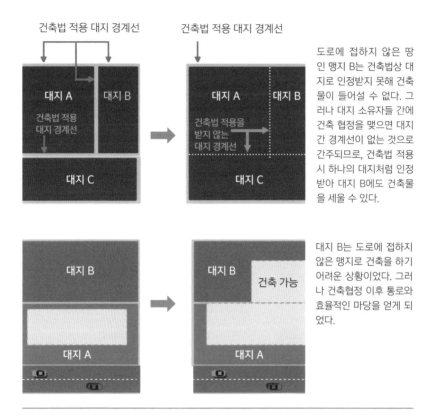

건축법 적용 대지 경계선   건축법 적용 대지 경계선

대지 A
건축법 적용
대지 경계선
대지 B

대지 C

대지 A
건축법 적용을
받지 않는
대지 경계선
대지 B

대지 C

도로에 접하지 않은 땅인 맹지 B는 건축법상 대지로 인정받지 못해 건축물이 들어설 수 없다. 그러나 대지 소유자들 간에 건축 협정을 맺으면 대지 간 경계선이 없는 것으로 간주되므로, 건축법 적용시 하나의 대지처럼 인정받아 대지 B에도 건축물을 세울 수 있다.

대지 B

대지 A

대지 B
건축 가능

대지 A

대지 B는 도로에 접하지 않은 맹지로 건축을 하기 어려운 상황이었다. 그러나 건축협정 이후 통로와 효율적인 마당을 얻게 되었다.

계, 건축선의 한계, 재산권 행사 등에 대해 명시해야 하며, 소방도로와 공터 공간 등 공동으로 사용하고 시설해야 하는 부분에 대해 정확한 협정이 이뤄져야 향후 분쟁을 예방할 수 있다.

도로사선제한 폐지

◆

도로 사선제한이 폐지되어 신축, 증축 시 수직적으로 자유로운 설계가 가능해졌다. 증축 시 건축물 구조의 제한을 받아서 '연와조' 등의 구조는 불가한 경우도 있으니 반드시 시·군·구 조례를 확인해야 한다.

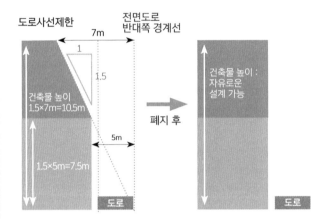

이외 개정된 건축법으로는 다음과 같은 것들이 있다.

- 인접 대지 간 용적률 탄력 조정 가능
- 주택 공급 시 거짓, 과장 광고에 대한 행정처분
- 주택 외 용도 시 주택 층수 산정 제외 등

건축법 개정 확인 : 법제처 www.moleg.go.kr

건축행정시스템 : 세움터 cloud.eais.go.kr

모아주택 / 모아타운

재개발 요건을 충족하지 못해 개발되지 않고 방치된 면적은 서울시 저층 주거지의 약 87%를 차지한다. 모아주택은 2026년까지 총 3만 호의 신축주택을 목표로 대지면적 1,500㎡ 이상을 확보하고, 이웃한 다가구, 다세대주택 소유자의 필지를 모아서 중층 아파트로 공동개발하는 방식이다. 모아주택은 2~4년의 사업기간으로 대규모 정비사업에 비해 진행이 빠르다. 공공시설, 기반시설을 조성할 때 개소당 최대 375억 원 국비, 시비 지원을 받을 수 있다. 2종(7층) 이하 지역은 최고 15층까지 지을 수 있다. 이외에도 용도지역 상향, 주차장 통합설치 지원, 공공 건축가 설계 지원 등의 인센티브를 받을 수 있다.

모아주택 조감도

자료: 서울시

12

낡은 집과 상가의
돈 되는 변신

모바일 메신저, SNS, 블로그가 생활의 일부로 자리잡으며 '상가 투자 지도'가 바뀌고 있다. 대기업의 흔한 프랜차이즈보다 개성 있는 '뒷골목 가게'들이 인기를 끌고 있는 것이다.

협소주택

협소주택은 입주자들의 취향을 설계에 반영하여 개성적으로 지을 수 있다는 것이 장점이다. 보통 도심의 33~66㎡ 정도의 땅에 3~4층 정도의 높이로 짓는데, 1층은 주방과 화장실, 2층은 거실, 3층은 욕실과 세탁실, 테라스, 4층은 루프탑 등 좁은 공간을 층별로 활용한다.

협소주택은 매도할 때 아파트에 비해 환금성이 떨어진다. 하지만 다양한 주거 형태를 원하는 사람을 대상으로 마케팅 방향을 맞춘다면 필요한 수요자에게 판매할 수 있을 것이다.

은퇴자를 위한 수익형 주택 : 칸칸 주택(설계 : 토미의 노후주택 연구소)

반지하 또는 지하나 1, 2층에 상가, 사무실을 배치하고 위층에는 주거 공간이 자리하는 형태의 주택이다. 저층은 카페나 레스토랑, 상점 등

칸칸 주택의 예 ────────────────

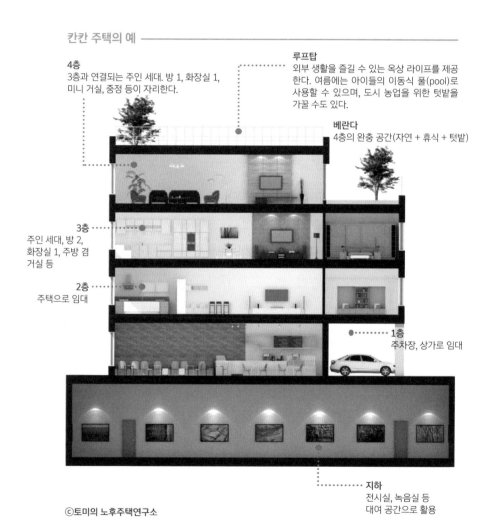

4층
3층과 연결되는 주인 세대. 방 1, 화장실 1, 미니 거실, 중정 등이 자리한다.

루프탑
외부 생활을 즐길 수 있는 옥상 라이프를 제공한다. 여름에는 아이들의 이동식 풀(pool)로 사용할 수 있으며, 도시 농업을 위한 텃밭을 가꿀 수도 있다.

베란다
4층의 완충 공간(자연 + 휴식 + 텃밭)

3층
주인 세대, 방 2, 화장실 1, 주방 겸 거실 등

2층
주택으로 임대

1층
주차장, 상가로 임대

지하
전시실, 녹음실 등 대여 공간으로 활용

ⓒ토미의 노후주택연구소

으로 임대하여 수익을 얻을 수 있으며 건물주가 직접 사용할 수도 있다. 상층 주거 공간은 여러 개 층과 루프탑을 이용하여 거주자 구미에 맞춰 다채롭게 구성할 수 있다. 예를 들면 1층은 상가, 2층은 현관이 위치한 가족 공간·거실·주방 등으로, 3층은 방, 루프탑은 옥상 텃밭으로 활용하는 식이다. 도심의 자투리땅을 활용해서 신축할 수 있다.

단독주택을 매입해 상가로 리모델링

일반적으로 상가는 대로변의 상업용 건물이나 근린생활시설, 아파트 상가 등 처음부터 그 용도가 정해져 있는 목적 건물의 성격이 강했다. 그러나 최근에는 이면도로에 위치한 단독주택을 상가로 리모델링하는 사례가 크게 늘었다.

눈에 띄는 대로변이나 휘황찬란한 간판 대신, 여기 이런 곳이 있었나 싶은 이면도로, 작거나 아예 없는 간판이 도리어 사람들의 관심을 끈다. 홍보의 주체가 점포 주인으로부터 소비자들로 넘어간 지 오래다 보니 수요층의 취향을 만족시킬 만한 독특하고 분위기 있는 장소가 선호되

단독주택을 상가로 리모델링한 사례

는 것이다. 재료가 다 소진되면 문을 닫는 등 기존에 보기 어려웠던 영업 방식도 흥미롭다.

이런 영향으로 이면도로의 단독주택을 상가로 용도변경해 사용하는 트렌디한 골목 문화가 생겨났다. 용산구 이태원동 경리단길, 마포구 합정동, 서교동, 망원동, 성수동 등이 대표적이다. 특히 연남동

1층을 상가로 리모델링한 사례

은 '연트럴파크'라 불리는 경의선 숲길이 완공된 후 지역 주민뿐 아니라 타지역에서 온 나들이객들로 연일 붐빈다.

이면도로의 단독주택은 매매가가 이미 비싸게 형성된 대로변 건물보다 저렴하며, 특색 있는 상권을 형성할 수 있다는 점이 강점이다. 기존 프랜차이즈에서 느낄 수 없는 독창적인 철학에 개성을 반영한 리모델링이 가미된다면 적지 않은 임대 수익과 점포 매출을 모두 기대할 수 있을 것이다(단독주택 리모델링 시의 체크리스트는 부록을 참조).

다세대와 다가구주택의 변신

최근의 근린 상가는 1층 주차 공간을 확보하기 위해 필로티 구조를 택하는 비율이 높다. 그에 반해 1980~1990년대에 지어진 다세대·다가구 건물들은 1층 공간을 확보하기가 용이하다. 상권이 가능하다면 다가구주택과 단독주택은 용도변경을 통해 1층을 상가로 활용할 수 있다. 방과 거실 등으로 이뤄진 구조 가운데 벽을 철거하고 기둥을 세워서 주

상가주택이란?

대체로 근린상업지역이나 배후 주거지를 두고 있는 상권에 위치하면서 1층과 2층 등의 저층은 상가로, 상층은 주택으로 활용되는 병용형 건물

⋯→ '직접 거주 + 저층부 상가 임대'로 안정적인 수익을 기대할 수 있다!

상가주택의 장점	상가주택의 단점
• 건물주의 주거 해결 + 임대소득 • 직접 거주하므로 건물 관리와 임대 관리가 용이하며, 업무용 빌딩이나 상가 전문 건물보다 상대적으로 적은 투자금액이 들어감 • 기존 상가주택은 상권이 안정된 곳에 자리한 경우가 많아서 수익이 안정적 • 입지가 우수한 곳에 위치한다면 향후 시세차익도 기대할 수 있음	• 대부분 일반 주택보다 주거 쾌적성이 떨어짐 (도로면에 접해 있어 먼지나 소음에 취약) • 투자 리스크가 높은 편임 • 택지개발지구 내 상가주택용지를 매입하는 경우 상권이 활성화되기 전까지는 시간이 필요함을 고려해야 함

택으로 사용하던 곳을 판매시설(상가주택)로 바꾸는 방식이다. 물론 안전을 위해 구조진단 및 설계, 대수선 허가를 득하여 진행한다.

폐공장도 훌륭한 수익형 부동산으로 바뀔 수 있다

서울 시내 준공업지역의 허름한 공장과 창고가 주목받고 있다. 준공업지역이란 도시(주거·상업·녹지 지역) 가운데 경공업이나 환경오염이 적은 사업체를 수용하는 지역이다. 전용공업지역이나 일반공업지역과 달리 주거와 상업시설, 업무시설이 들어설 수 있다. 다만 공장용지 비율이 30% 이상이면 공동주택을 지을 수 없도록 규정하고 있다(서울시 도시계획조례 시행규칙).

서울시 준공업지역 면적은 2,774만㎡로 주로 영등포, 구로, 금천, 성

동구 등에 분포한다. 특히 영등포구는 전체 면적의 37.05%가 준공업지역으로 묶여 있다. 그렇다 보니 주거지역 대부분이 노후되고 균형 잡힌 개발이 어려워서 인구가 지속적으로 줄어드는 추세다.

준공업지역은 아파트를 지을 수 없기 때문에 개발 호재가 없으리라 생각한다. 그러나 준공업지역에도 돈 되는 기회는 존재해 왔다.

첫째, 준공업지역이 일반주거지역으로 변경된 경우가 있다. 이렇게 되면 대규모 주거 시설을 세우는 것이 가능해진다. 준공업지역이었던 고척스카이돔 일대가 제2종 일반주거지역으로 변경된 사례(대신 강동 일반산업단지가 준공업지역으로 새롭게 지정됨)가 대표적이다.

둘째, 저평가된 공장 지대의 숨어 있는 잠재 가치를 찾아 투자, 발굴한 경우이다. 대표적인 곳이 성동구 성수동과 영등포구 문래동이다. 공장들이 문을 닫으며 방치되었던 낡은 동네에 젊은 예술가와 창업가, 사

Remodeling Note

공장, 창고 리모델링 재테크

◆

자산가 A씨는 지난달 중순 서울 성수동1가 지하철 2호선 뚝섬역 인근에 위치한 공장 면적 960㎡를 3.3㎡당 3,740만 원에 매입했다. 인근 '대림창고'처럼 실내만 리모델링한 뒤 전시회장으로 쓰거나, 1층에는 트렌디한 점포를 넣고 2층 이상은 사무실로 활용하는 방안을 고민 중이다. 인근 공인중개사는 "빈 공장과 창고를 사서 갤러리나 디자이너의 작업실로 사용하려는 문의가 늘고 있다"며 "대로변은 3.3㎡당 4천만 원에 시세가 형성됐다"고 전했다.

매일경제신문, <공장, 창고 리모델링 재테크 뜬다>

도시재생 프로젝트란?

◆

서울시와 구청이 추진하는 도시 재생 프로젝트도 노후 도시 대안이 될 수 있다. 예컨대 영등포는 예술촌이 형성된 문래동 지역을 중심으로 문화산업을 키우고 있다. 성수동1가와 2가는 수제화 등 지역경제를 활성화하는 방안으로 도시재생 프로젝트가 진행되고 있다. 미국 뉴욕의 첼시마켓, 이탈리아 밀라노의 조나 토르토나, 중국 베이징의 798예술구, 스페인의 수변 공간 재개발, 요코하마 미나토미라이21, 영국의 도크랜드, 스웨덴 스톡홀름 등은 세계적으로 유명한 도시재생 프로젝트들이다.

회활동가들이 유입되기 시작했다. 개발제한구역이 해제되면서 폐업한 공장과 창고가 개성 있는 카페와 공방, 스튜디오, 갤러리, 패션쇼장으로 변신하고, 지식산업센터 등이 들어서며 지역주민뿐 아니라 다른 지역 사람들까지 불러들이고 있다.

원래 철공소가 밀집해 있던 문래동의 경우 홍대 상권이 확장되며 임대료가 저렴한 작업장을 찾던 수요층이 몰려들어 300여 개의 작업실과 공방이 어우러진 예술촌으로 변모했다. 공장·창고 지대는 낙후된 만큼 향후 개발 가능성이 크며, 층고가 높고 기둥이 많지 않아서 무한 변신이 가능하다. 저평가되어 있는 공장 지대는 개발하기에 따라 기존 상권과 차별화할 수 있다.

준공업지역, 어떻게 활용하면 좋을까?

소규모 공장 터에 임대주택을 짓거나 상가주택 등을 지을 수 있다. 서울시 도시계획조례에 따르면 준공업지역에도 오피스텔과 임대주택을 짓는 것이 가능하다. 용적률은 250~300%까지 적용된다.

일례로 지하철과 가까운 공장 터에 임대주택을 지어 수익형 부동산으

지역 특성	준공업지역 내 비율	재생 유형	재생 방향
산업거점지역	향후 선정	전략재생형	지역 산업특성과 연계한 새로운 복합 거점으로 육성
주거산업 혼재지역	30.7%	산업재생형	산업과 주거의 공생공간 창출
주거기능 밀집지역	46.9%	주거재생형	직주근접형 주거공간으로 재생
산업단지	22.4%	산업단지 재생형	일자리 거점으로 혁신

로 변신을 꾀하는 방안도 가능하다. 수요 조사를 하여 상가와 주택을 적절히 배치할 수 있다. 준공업지역에 입주하는 벤처와 스타트업 기업이 늘고 있으므로 지하철역과 가까운 곳을 임대주택으로 개발한다면 직장인 수요가 탄탄할 것으로 예상된다. 매수 후에는 5년 뒤 임차인에게 분양 전환을 하거나 리츠나 펀드로 묶어서 통매각하는 것도 가능하다.

2배의 수익률이 기대되는 리모델링 효과

리모델링을 하지 않고 창고나 공장을 임대하면 임대 수익률은 3%에 그친다. 그러나 1층은 상가, 2층 이상은 사무실로 신축하거나 리모델링한다면 6% 이상의 수익률을 기대할 수 있다. 만약 준공업지역이 해제되거나 변경되었다면 지자체 조례나 담당자를 통해 용적률, 건축물의 높이 등을 확인하고 리모델링이나 신축을 결정해야 한다. 신축하는 경우 리모델링보다 더 많은 자금이 필요하므로, 매입 전 미리 가설계로 확인해서 리모델링이냐 신축이냐를 선택하고, 주변 임대료 시세, 수요 등을 분석해 수익성을 검토해 보는 것이 중요하다.

참고로 7개 자치구의 총 19.98㎢를 대상으로 하는 '서울시 준공업지역 재생과 활성화 방안(2015년 10월)'은 지역별 특성을 고려하여 산업 거점 지역과 주거 산업 혼재 지역 등 4개 유형으로 준공업지역의 장소별 맞춤형 재생 가이드라인을 제시했다. 기존 산업을 유지하고 강화하는 한편 신규 산업을 유치하고 주거지를 재생함으로써 지역경제에 활력을 불어넣겠다는 방안이다.

서울시, 소규모 재개발 도입 및 역세권·준공업지역 개발

서울시는 낙후된 역세권과 준공업지역에 '소규모 재개발'을 도입하였다. 대규모 개발이 어려웠던 5,000㎡ 미만 소규모 필지가 대상이며 용도지역 상향을 통해 최고 용적률 500%까지 고밀도 개발이 가능해진다. 상가, 공장 밀집 지역도 아파트 재개발이 가능해졌다. 상향된 용적률의 50%는 임대주택, 임대상가 등 공공시설로 공급할 수 있다.

서울 시내 준공업지역 현황

자료: 서울시

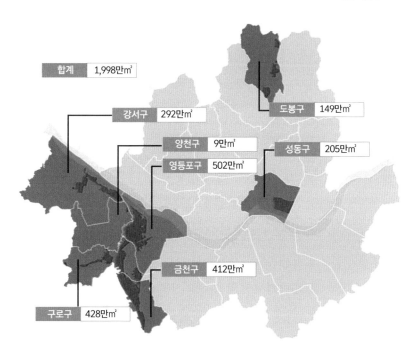

합계　1,998만㎡

강서구　292만㎡

도봉구　149만㎡

양천구　9만㎡

성동구　205만㎡

영등포구　502만㎡

금천구　412만㎡

구로구　428만㎡

오피스텔
리모델링을
고려한다면

—— CHECK POINT ——

노후 오피스텔 구매 시 고려할 점

2015~2016년에 이르는 2년 동안만 무려 13만 354실의 오피스텔이 공급되었다. 공급 과잉 상태인 오피스텔을 매매할 때는 새 오피스텔과 낡은 오피스텔을 구분하여 시장분석을 하는 편이 좋다. 주택과 달리 오피스텔은 임대용이 대부분이라 공급이 많으면 매도하기 어렵고 임대도 원활하지 않을 수 있다. 또한 새로 분양된 오피스텔이라 해도 위치나 옵션, 가격 등 경쟁이 치열할 수 있다. 오피스텔은 10년이 지나면 노후된 것으로 본다. 따라서 월세를 올려받기 어려우므로, 준공한 지 오래된 오피스텔을 구매할 때는 인근에 분양 및 입주가 예정된 신축 오피스텔이 없는지 꼭 살펴보아야 한다.

노후 오피스텔의 수익률

2014년 기준, 입주 10년이 넘은 오피스텔의 연간 수익률은 5.97%였다. 신축 오피스텔 분양가가 과거보다 비싸진 탓에, 1~5년 차(5.05%)와 6~10년 차(5.11%) 오피스텔이라 해도 수익률은 전체 평균(5.71%)에 미치지 못한다. 오피스텔도 공급 계획을 보고 매입 결정을 하자.

13

낡은 꼬마 빌딩,
수익률이 껑충 오른 비결은?

중소기업에 다니는 Y씨는 노후 대비를 고민하던 중 살던 아파트를 처분한 돈과 은퇴자금을 모아 서울 서초구 방배동에 있는 연면적 496㎡의 지하 1층~지상 3층짜리 낡은 건물을 매입했다. 1억 원 정도 비용을 들여 리모델링을 하자 새로운 임차인을 쉽게 구할 수 있었다. 임대료도 상승하여 임대 수익률은 기존 대비 3% 더 높아졌다. 이제는 주변 친구들이 부러워하는 소형 빌딩주가 되어 취미 생활과 가족에 더 많은 시간을 쓸 수 있게 되었다.

낡은 소형빌딩을 리모델링한 Y씨 사례

- 위치 : 서울시 서초구 방배동
- 규모 : 지하 1층~지상 3층, 연면적 496㎡(한 층당 약 37평)
- 매입가 : 20억 원(2012년)
- 리모델링 비용 : 1억 원
- 현재 예상 매매가 : 41억 원(2022년)

50억 이하 꼬마 빌딩 거래량이 최근 수년간 급증했다. 현실적으로 매각 차익을 노리기 쉽지 않은 상황에서 임대 수익률을 높이려다 보니 거래량의 절반 이상은 준공 15년이 넘은 노후빌딩인 상황이다(매일경제, 2015. 4. 7). 이 때문에 노후 꼬마 빌딩의 안전성과 수명, 수익률을 높이는 방법에 대한 관심이 높다.

리모델링으로 노후 빌딩의 몸값을 높인다

입지 및 상권을 분석하는 것은 부동산 투자 시 당연한 이야기므로 이 책에서는 논외로 하자. 이외에 빌딩 매매 시 반드시 고려해야 할 것이 바로 빌딩의 가치이다. 앞으로 가치가 상승할 가능성이 있는지 따져봐야 한다. 토지 모양, 용도, 도로 인접성 등을 따져 증축 후 가치 상승이 가능하다고 판단되면, 노후건물을 저렴하게 취득한 후 리모델링을 하여 수익률을 높일 수 있다.

한편 낡은 상가를 용도변경하는 것도 투자 전략이 될 수 있다. 일례로 경기도 부천에 있는 건물 3층 목욕탕을 매입 후 원룸텔로 개조하여 순투자금 대비 연 9%의 수익을 올린 사례가 일간지에 소개되기도 했다. 해당 사례자는 693㎡의 목욕탕을 8억 5천만 원에 매입했고, 4억 5천만 원을 들여 50여 실의 원룸텔로 개조했는데 대출을 제외한 순투자금은 9억 7천만 원이었다. 공실, 운영비용, 대출이자를 감안하더라도 매달 800만 원이 넘는 순수익을 올리고 있다고 한다.

이처럼 노후상가의 용도변경 및 리모델링을 통해 가치 상승을 극대화하는 전략을 실현하기 위해 살펴볼 만한 곳이 있다. 바로 개발행위허가 제한구역의 상가들이다.

개발행위허가 제한구역의 상가를 스타일리시하게

'지구단위계획'이란 도시와 군 계획 수립 대상 지역의 일부를 체계적으로 관리하고 미관을 개선하기 위해 수립하는 관리계획을 말한다. 기능을 증진하고 미관을 개선하여 양호한 환경을 확보하기 위한 목적으로 이뤄진다. 지구단위계획은 '정비기본계획'보다 구체적이고 세부적인 계획으로, '건축허가', '건축한계선', '녹지비율' 등의 조건을 제시하고 있다.

지구단위계획구역에 선정되면 개인 단위가 아닌 획정(劃定)된 구역의 공공 개발계획을 따라야 한다. 따라서 인근 토지나 지정구역 토지를 사용할 때는 지구단위계획 지정 시기 및 해제 시기에 맞춰 판단할 필요가 있다. 해당 지역의 변화 추이와 계획에 따라 인근이나 지정 구역 내 토지 또한 변화할 가능성이 있기 때문이다. 땅 주인에게 지구단위계획은 양면성을 가지고 있다. 때로 개발 호재가 발생하는 장점이 있지만, 기본적으로 그 속성이 '토지 사용 규제'에 있으므로 단점으로 작용하기도 한다. 일정 기준에 따라 개발을 유도해야 하므로 해당 지역을 규제하는 것이다.

지구단위계획을 거치며 땅값은 상승하거나 보합 혹은 하락한다. 그러나 그 원인을 단순히 지구단위계획에서만 찾을 수는 없다. 동반하는 다른 개발이나 이슈의 영향도 있다. 따라서 지구단위계획을 통해 오히려 '용도지역변경' 혹은 '용적율 향상', '용도지역제한 용적율 인하' 등의 발생 여부를 확인하고 이런 정보를 투자에 적극 활용하면 좋을 것이다.

입지가 좋고 임대 회전율이 좋다면, 지구 단위 계획으로 지정되어 있더라도 향후 계획 추이를 보고 매입하여 보유하면서 임대하는 것도 투자 전략이 될 수 있다. 일단은 지정 해제를 염두에 두고 최저 비용, 최대 효과로 리모델링하여 수익률을 높이거나 유지하는 편이 좋겠다. 현재는 증축 등 건축 행위를 규제받지만, 향후 해제된다면 증축을 통하여 건물 가치를 높일 수 있을 것이다. 참고로 지구단위계획으로 건축 행위를 제한받는 경우라도 외벽 페인팅과 조명 교체 등의 리모델링 행위는 신고나 허가 없이 시행할 수 있다.

외벽 페인팅과 조명 교체 수준의 리모델링으로 건물 이미지를 바꾸는 것이 가능하다.

14

도시의 트랜스포머, 용도변경

노후주택이나 상가 리모델링에서 계속해서 언급되는 '용도변경'이란 무엇일까? 각각의 건축물은 구조와 이용 목적, 형태 등으로 분류되며 용도에 따른 건축 기준의 적용을 받는다. 구조적으로 안전하고, 목적에 적합한 사용과 관리를 위해서이다. 용도변경은 소유주의 필요에 따라 기존에 허가받은 건축물대장상 용도와 다른 용도로 사용하는 것으로, 건축법 시행령에서 규정된 시설군 기준에 따라 지자체에 허가, 신고, 변경 신청을 해야 한다.

시설군의 순서(다음 페이지의 표 참조)에 의해 상위군으로 변경할 때는 허가 대상이 되며, 하위군으로 변경할 때는 신고 대상이다. 같은 시설군 내에서의 용도변경이라면 건축물대장 내용에 대하여 변경 신청만 하면 된다. 제1종 근린생활시설과 제2종 근린생활시설 간에는 임의 변경이 가능하다. 예전에는 기재사항 변경 대상이었지만, 2014년 건축법 개정 시 규제 완화 차원에서 임의 변경할 수 있게 되었다.

시설군	용도 분류	비고
1. 자동차 관련 시설군	• 자동차 관련 시설	
2. 산업 시설군	• 운수 시설 • 창고 시설 • 공장 • 위험물 저장 및 처리 시설 • 분뇨 및 쓰레기 처리 시설 • 묘지 관련 시설 • 장례식장	위로 올라가면 허가 대상
3. 전기통신 시설군	• 방송 시설 • 발전 시설	
4. 문화집회 시설군	• 문화 및 집회 시설 • 종교 시설 • 위락 시설 • 관광휴게 시설	
5. 영업 시설군	• 판매 시설 • 운동 시설 • 숙박 시설 • 고시원	
6. 교육 및 복지 시설군	• 의료 시설 • 교육연구 시설 • 노유자 시설 • 수련 시설	아래로 내려가면 신고 대상
7. 근린생활 시설군	• 제1종 근린생활시설 • 제2종 근린생활시설	
8. 주거업무 시설군	• 단독주택 • 공동주택 • 업무시설	
9. 그 밖의 시설군	• 동물 및 식물 관련 시설	

만약 시설군 순서의 2번 산업 시설에 해당하는 창고를 매입해 카페나 공방, 7번 근린생활 시설군으로 변경한다면 신고만으로 용도변경이 가능하다. 그러나 만약 시설군 순서의 8번에 해당하는 단독주택을 매매한 후 1층을 상가로 바꾼다면, 주거업무시설군인 단독주택을 7번 근린생활시설로 변경하는 것이므로 지자체장의 허가를 받아야 한다. 용도변경 전에는 용도 지역에 따른 입지 제한 및 건축 기준에 적합한지, 즉 용도 기준이 가능한지를 반드시 먼저 알아본 후 리모델링 공사에 착수해야 한다.

용도변경은 아래 단계에 따라 진행된다. 괄호 안은 행위자와 소요 기간을 나타낸다. 용도변경 면적이 100㎡ 이하면 9~12단계의 절차는 생략할 수 있다.

용도변경 절차

1단계 용도변경 가능 여부 검토(건축사사무소, 지자체 건축과)

2단계 용도변경 의뢰(건축주 또는 임차인, 2~5일 소요)

3단계 현장 조사 및 실측(건축사 사무소)

4단계 용도변경 도서 작정(건축사 사무소)

5단계 용도변경 허가 신청서 또는 신고신청서 접수(건축사 사무소)

6단계 관련 부서 협의(해당 시청, 구청 관련 부서 및 소방서, 교육청 등)

7단계 용도변경 허가 필증 또는 신고필증 교부(시청, 구청)

8단계 리모델링 공사 및 장애인 편의시설 공사 착수(건축주 또는 임차인)

9단계 사용승인 도서 작성(건축사 사무소, 5~10일 소요)

10단계 사용승인 신청서 접수(건축사 사무소)

11단계 현장조사(시청, 구청 담당자)

12단계 사용승인서 교부(시청, 구청)

13단계 건축물대장 변경(시청, 구청, 1~3일 소요)

※총 3주 ~ 5주 소요 (특수한 경우 제외)

용도변경 팁

❶ 500㎡ 이상은 허가 대상이든 신고 대상이든 특검(건축사 지정)대상이며, '준공 허가'를 득해야 한다. 500㎡ 이하는 담당 주무관이 검사함.

❷ 500㎡ 이하는 용도변경을 허가나 신고를 득하는 순간 별도의 준공검사 절차가 생략되므로, 한 번에 용도변경을 하는 것보다 500㎡ 이하로 나눠서 여러 번 하는 방법도 활용할 수 있다.

❸ 용도변경을 할 때 변경되는 면적 산정은 주차장(공용)면적을 제외한 전용과 공용의 합 면적을 말한다.

❹ 용도변경 시 변경하려고 하는 건축물의 용도가 건축법에 따른 건축 기준에 적합해야 한다.

❺ 새로운 건축법에 따른 건축 기준뿐만 아니라 난연재료, 기본구조물, 주차장법, 하수도법, 소방시설 설치, 유지 및 안전관리에 관한 법률 등에 따른 건축 기준에 부합해야 한다.

❻ 용도변경 전에 건축 행위(시공)를 하면 안 된다.

※지자체마다 허용 기준이 다를 수 있음

용도변경 실전 사례

다가구주택이지만 대로변에 위치하여 고객의 동선을 유도할 수 있다면, 내부 리모델링 및 외관 공사를 통해 다음 그림과 같이 1층 상가로 활용할 수 있다. 반드시 시·도 조례에 맞춰 용도변경 가능 여부를 조사해야 한다.

용도변경 전

용도변경 후 상가로 탈바꿈된 모습

용도변경 주의사항

◆

1. 불법건축물 여부
2. 주차 대수 확인
3. 정화조 용량 증설 여부
4. 구조철거, 설치 유무
5. 상가로 전환 시 임대 용이성

(15)

리모델링의 히든 카드,
주자창

구도심과 재개발 해제 지역, 저층 주거지 밀집 지역의 주차 문제는 심각한 수준이다. 서울시의 경우 주거지 평균 주차장 확보율이 98.3%(2011년 말 기준)인데 반해 주택 밀집 지역의 주차장 확보율은 70%에도 못 미치는 실정이다.

건물을 신축할 때 지하 공사를 하면 공사비가 가중되므로 지하 계획 없이 1층에 주차 시설을 부설계하는 경우가 많다. 그러나 주차면적으로 인해 임대 면적이 줄어드니 수익률에 영향이 있을 수 있다. 상가 건물의 경우 1층 임대수익률에 미치는 영향을 고려하여 주차 대수 산정에 신경을 쓰지 않을 수 없다.

그렇다면 구시가지에서 기존 건물을 리모델링하는 경우는 어떨까? 신축과 리모델링의 경우를 비교함으로써 수익률의 키가 되는 주차장 문제에서 어느 쪽이 유리할지 알아보겠다.

같은 조건을 가정할 때 리모델링과 신축 건물 면적 비교

대지 100평

건물 90평

1970년대에 지어진 노후건물
(준공 당시 기준에 따라
100평의 땅에 80~90평의
면적을 차지하는 건물이 존재함)

대지 100평

건물 60평

현재 시점의 신축 건물
(현재 건축법의 적용을 받음)

구도심의 노후건물은 최초 준공 당시 주차장이 없었던 경우도 많다. 주차 문제를 겪고 있다면 해당 시에서 지정하는 공동주차장을 활용하는 것도 하나의 방안이 될 것이다.

수익률과 직결되는 주차 대수

비교 분석을 위해 똑같은 조건의 100평짜리 땅을 두 사람이 소유하고 있다고 가정하자. A씨는 90평의 건폐율이 적용된 노후건물을 가지고 있는데, 이는 1970년대에 준공한 것이다. B씨는 2017년 신축을 목표로 건물을 설계하고 있다. 이 경우 A씨는 1970년대 당시 건축법의 적용을 받으므로, 현재 법 기준에서 주차 대수가 모자라더라도 그것을 맞출 의무가 없다. 100평의 땅에 90평짜리 건폐율의 건물을 그대로 소유한 채 리모델링할 수 있다.

반면 B씨는 2017년의 건축법을 따라야 하므로 100평 땅에 60평 건물을 신축

Remodeling Note

서울시의 대안, 공동 주차장

◆

서울시는 '주차 취약 지역 공동주차장 확보 방안'의 일환으로 시내 공공도로에 9개소의 도로 지하 주차장 건설을 추진하고 검토를 거친 뒤 우선 순위별로 조성하는 방침을 세우고 있다. 종로와 영등포, 은평, 동작, 서대문, 동대문, 중구 등 현재 주차장 부지가 부족한 지역이 우선 검토 대상이다. 양천구와 강서구 가로공원길 도로 주차장은 완료되었다.

지역별 주택 단지의 주차장 설치 기준

주택규모별 (전용면적)	주차장 설치 기준			
	서울특별시1)	광역시, 특별자치시, 수도권 내 시 지역2)	1)과 2) 외 시 지역 수도권 내 군 지역	그밖의 지역
85㎡ 이하	1/75	1/85	1/95	1/110
85㎡ 초과	1/65	1/70	1/75	1/80

* 도시형 생활주택 중 원룸형 주택 : 세대당 주차 대수 0.6대 이상(전용 30㎡ 미만인 경우 0.5대 이상)
** 지자체마다 허용 기준이 다를 수 있음.

상가 주차장 설치 기준

시설물	주차장 설치 기준
제1종 근린생활시설 『건축법 시행령』 별표1 제3호 바목 및 사목(공중화장실, 대피소, 지역아동센터는 제외) 제2종 근린생활시설, 숙박시설	시설면적 200㎡당 1대 (시설면적/200㎡)

※ 각 시도의 조례는 국가법령정보센터(www.law.go.kr)에서 확인할 수 있다

할 수 있다. 관리가 잘되어온 건물이라면 오래되었을지라도 리모델링하는 편이 새로 짓는 것보다(적어도 사용 면적 면에서는) 나을 수 있다. 실제로 도시 지역에서 건축법은 점점 강화되는 추세이므로, 리모델링 시 주차장의 면적 혜택을 감안한다면 노후건물의 수익률이 더 높다고 볼 수 있겠다.

용도변경 시 주차 대수 변화

· 주택 → 상가 : 주택의 주차 대수가 더 필요
· 상가 → 주택 : 주차 대수 증가

건축물 용도를 변경할 때는 용도변경 시점의 주차장 설치 기준에 따라 변경 후, 용도의 주차 대수와 변경 전 용도의 주차 대수를 산정하여 그 차이에 해당하는 부설주차장을 추가로 확보해야 한다.

다만, 다음 어느 하나에 해당할 때는 부설주차장을 추가로 확보하지 않고 건축물 용도를 변경할 수 있다(「주차장법 시행령」 제6조 제4항).

- 사용승인 후 5년이 지난 연면적 1,000㎡ 미만 건축물의 용도를 변경하는 경우 (단, 문화 및 집회시설 중 공연장·집회장·관람장, 위락시설 및 주택 중 다세대주택·다가구 주택 용도로 변경하는 경우는 제외)
- 해당 건축물 안에서 용도 상호 간의 변경을 하는 경우 (단, 부설주차장 설치기준이 높은 용도의 면적이 증가하는 경우는 제외)

엘리베이터 없는 꼬마빌딩으로 월 830만 원의 임대 수익

　사례의 주택은 홍대 인근인 서교동에 위치하며 기존에는 원룸 2개, 투룸 4개를 임대하여 매달 340만 원의 임대수익을 올렸다. 리모델링을 거쳐 일부를 상가로 용도변경하여 총 보증금 2억 원에 월세 830만 원의 수익을 올리고 있다. 해당 주택은 MZ세대들이 즐겨찾는 홍대 상권의 골목 상가로 바뀌었고, 지하는 사무실, 지상1~2층을 점포로 임대하였다. 일반적으로 꼬마 건물은 엘리베이터의 존재가 중요한데, 메인 상권지에서 지상 2층 정도의 소규모 건물은 용도변경만으로 업종을 바꾸어 운영하는 경우도 있다. 노후건물인 경우 법적으로 면적 증감이 어려운 경우가 많기 때문이다.

상세내용

· 면적 : 182㎡
· 매입 : 17억 원 (2011년) / 현 시세 53억 원 (2022년)
· 수리 : 2억 원 (2015년)

BEFORE			AFTER		
1층	원룸 2개	보증금 2,000만 월세 100만	1층	상가 2개	보증금 1억 월세 360만
2~3층	투룸 4개	보증금 4,000만 월세 240만	2~3층	통 임대	보증금 1억 월세 470만
총임대료		보증금 6,000만 월세 340만	총임대료		보증금 2억 월세 830만
매수		17억 (2011년)	현 시세		53억 (2022년)

BEFORE

기존 골격을 유지하되, 1층 외관을 정비하고
색상에 포인트를 줌으로써 노후 연립주택이
트렌디한 상가주택으로 변신하였다.

AFTER

리모델링에 대한 넓고 얕은 지식

당신에게는 전문가를 알아볼 안목이 있는가?

특정 분야를 깊이 파고드는 것은 그 분야 전문가에게 맡겨두면 될 일이고,

정말 필요한 것은 그 전문가를 알아볼 만한 지식과 식견이다.

다양하고 풍부한 건축자재와 시공방법의 홍수 속에서 개개인의 취향은 '선택'의 중요한

요소이다. 그러나 그것보다 더 중요한 것을 우리는 알아야 한다.

눈에 보이는 시공 마감보다, 보이지 않는 근본적인 문제, 즉 기능적인 부분을

우선적으로 향상시키는 일, 설비 시스템을 보다 안전하고 효율적으로 구축하는 일,

노후하고 매립되어 각종 문제가 발생되는 각종 배관을 교체하고 관리를 용이하게 하는

일 등은 우리 눈에 보이지 않지만 리모델링에서 가장 중요한 일이다.

PART

3

성공적인 리모델링을 위한 가이드

16

최종 선택자는
소비자 그 자신이다

'가성비(cost-effectiveness)'가 대세인 요즘, 비용을 절감하면서 최대의 효과를 얻기 위해서는 자기 자신이 넓은 지식을 갖추고 있어야 하며, 또한 다양한 전문가들과의 네트워킹을 통해 적재적소에 자문을 구할 수 있어야 한다. 저성장 경제구조에서 삶의 형태에 다양한 변화가 요구되는 만큼, 삶을 담는 그릇이라 할 우리 주택에도 변화의 바람이 불어오고 있다.

과거에는 전문가의 판단을 전적으로 신뢰하고 그들에게 결정을 맡기는 경우가 많았다. 그러나 이제는 전문가 집단도 책임 여부를 따지기 위해 소비자가 중요한 선택을 결정하게 하고 계약 조항까지 만드는 경우가 많다. 이에 대응하기 위해 소비자도 최소한의 지식을 아는 것이 중요하다. 그래야 재산이나 건강 등 자신의 소중한 것을 지킬 수 있다.

스스로 알아야 일도 잘 맡길 수 있다

리모델링을 고려하는 대부분의 사람들이 본업을 가지고 있다. 자기 업무도 바쁜 와중에 건축과 관련된 전문적인 내용을 파악하고 판단 내리기란 굉장히 어려운 일이다. 그렇다 보니 전문가를 섭외하고 그의 판단에 따라 작업을 진행한다. 전체 인테리어 과정을 한 업체에 맡기든, 소유주가 직접 공정별 작업자를 섭외하여 맡기든 마찬가지다.

리모델링을 진행하면서도 소비자의 머릿속에서는 한 가지 의문이 떠나지 않는다. '전문가의 조언이나 판단을 100% 믿어도 되는 걸까?' 필자는 이를 합당한 의문이라고 여긴다. (안타깝게도 비단 리모델링 건축만이 아니라) 현재 우리나라의 전문가 집단은 분야 내 과잉 경쟁으로 인해 대부분의 사업 목표가 '이윤추구'에 지나치게 치중돼 있다.

예를 들어 처음으로 내 집을 짓는 일은 한 사람의 인생에서 다시없을 소중한 기회이자 그들의 후손에게까지 영향을 미치는 중대사이다. 당연히 업체 또한 건축주 위주로 세심하게 진단하고 각 공정을 관리해야 마땅하다. 그러나 '생존 유지'에 급급한 일부 업체의 공급자 중심적인 영업 행태로 인해 분쟁의 확률도 높아지고, 소비자로서는 원치 않는 결과를 울며 겨자 먹기로 받아들이는 일도 발생한다.

부동산은 그 사람이 가진 재산 중 가장 큰 부분인 경우가 많다. 객관적으로 '시세가 얼마냐'의 문제를 떠나, 소유한 개인에게 있어 주관적인 가치는 이루 말로 다 할 수 없다. 잘된 리모델링을 거치면 더욱 그 가치를 높이고 더 큰 재산을 형성하는 뒷받침이 될 수 있다. 그러나 자칫 원치 않는 방향으로 공사가 진행되거나 질적으로 좋지 않은 리모델링을 거치면 남는 것은 후회요, 재산적 손실을 볼 수도 있다. 또한 리모델링은 그곳에 머무는 사람들의 건강에까지 영향을 미친다. 이처럼 내 재산과 건강, 삶 전반에 큰 영향을 주는 전문적인 결정을 후회나 의심 없이 내릴 방법이 없을까?

가장 좋은 것은 나의 편이 되어 나의 이익을 대변해 줄 전문적인 조언자를 찾는 일이다. 작업을 수행하는 업체와 조언자가 다르더라도 소비자 입장에서 리모델링 프로세스 전반에 도움을 주고 리스크를 최소화하도록 이끌어 줄 조언자가 있다면 최상의 판단을 통해 최선의 결과를 얻을 수 있다. 적어도 선택을 후회하거나 공사 기간 내내 마음 졸이지 않아도 될 것이다. 그러나 모든 사람이 이런 조언자나 건설 공정을 관리해 주는 좋은 PM(프로젝트 매니저)을 얻을 수는 없는 노릇이다. 그것이 바로 이 책을 쓴 이유이기도 하다.

지금부터 건축에 대해 모르는 사람이라도 쉽게 이해하고 이용할 수 있는 리모델링의 지침과 기본 지식을 설명하려 한다. 조언자가 없다면 이 책을 가이드 삼아 리모델링을 진행해보자. 나 이외의 누구도 내 재산과 건강을 책임져주지 않는다는 사실을 인지하고, 집을 고치고 짓는 일을 즐겨보라. 내가 아는 만큼 좋은 판단을 내릴 수 있다. 소비자의 적극적인 의지와 전문가의 노하우가 만났을 때 최상의 결과가 나온다.

17

노후건물 리모델링 시
반드시 체크해야 할 9가지

모든 건물은 신축과 동시에 하자 문제가 발생할 수 있다. 하물며 짧게는 10년, 길게는 30년이 넘은 노후건물은 더 말할 필요도 없다. 노후로 인해 발생하는 가장 빈번한 하자는 누수, 옥상 방수 결함, 크랙, 곰팡이 등이다. 대부분 전문적인 건설 기술을 요하는 사항들로 건축에 대한 전문 지식을 갖추지 못한 일반 소유주는 대처하기 막막하다. 전문가를 고용하려고 해도 쉽게 판단이 서지 않는다.

게다가 기업의 일을 수주하는 업체(B2B, Business to Business, 기업 간 거래)는 사업자등록증과 면허를 갖추고 있지만, 개인을 상대(B2C, Business to Consumer, 기업과 소비자 간의 거래)하는 단종업체는 면허 없이 상담만으로 시공에 임하는 경우가 많아서 전문가와 비전문가를 구별하기도 어렵다. 향후 A/S를 받기 어려울 수도 있다.

알아야 일도 잘 맡길 수 있는 법이다. 이어지는 파트에서 직영공사와 관련해 더 구체적으로 설명할 테니, 여기서는 건물 소유주가 반드시 알아야 할 9가지 하자에 대한 기본 지식을 배워보자.

내외부 벽체 크랙

기온이나 외부 영향 등의 이유로 건물 외벽이 노후화되면서 틈새가 갈라지는 경우다. 갈라진 틈(크랙)으로 수분이 내부에 영향을 미쳐 건물 전체 성능에 문제를 일으킨다. 공동주택 외부 벽체에 이런 크랙이 발생했다면 관리실에 협조를 구하고, 관리실이 없는 공동주택이나 단독주택 소유자는 아래 보수 방법을 확인하자.

외부 벽체에 발생한 크랙

내부 벽체에 발생한 크랙

보수 방법 외부용 필러 등을 이용하여 틈새를 보수한다. 크랙이 깊은 곳은 별도의 장비가 필요하다. 외벽이 벽돌이나 타일인 경우 수성 발수제를 사용해야 한다.

벽체의 갈라진 틈으로 '라돈' 등 환경 호르몬의 영향이 발생할 수 있으니 틈새를 메꿔주고 예방 차원의 마감을 해주는 것이 좋다.

보수 방법 외부 벽체의 근본적인 원인이 없는지 살펴보고, 외부의 결함을 개선(옥상 방수 문제나 외벽 크랙 등)하고, 내·외부용 필러로 갈라진 틈을 채워주고, 기능성 페인트(항균 페인트, 탄성코트) 등으로 마무리 후 벽체 마감을 한다.

업체 선정 내외부 모두 크랙 보수 업체를 활용한다.
(비용은 인건비 + 투입재료비 + 크랙의 크기와 갯수만큼 소요된다.)

배수관 교체

리모델링 시에는 배수관과 배수로를 확보해야 한다. 배수관이 노후되었다면 배수관을 교체할 필요가 있다.

배수관 교체 현장

업체 선정
설비 업체를 활용한다.
(비용은 인건비 + 투입재료비 + 작업시간만큼 소요된다.)

배수구 점검

공동주택과 달리 단독주택은 반드시 배수구를 사전점검해야 한다. 막힌 곳은 없는지, 어떤 장소와 연결되어 배수가 되는지 확인한다.

노후건물 배수구 확인은 필수

업체 선정
설비 업체를 활용한다.
(비용은 인건비 + 투입재료비 + 작업 난이도만큼 소요된다.)

새시 노후 현상

노후주택 새시에 최상층 또는 건물 외벽으로부터 수분이 지속적으로 침투하면 새시 면과 콘크리트 면 사이에 하얀 석회질이 생겨난다. 이를 백화 현상이라고 한다. 백화된 면은 새시를 철거하면서 제거해야 한다.

베란다 새시의 백화 현상

업체 선정
일반적으로 새시 교체 시 새시 업체에서 이물질과 오염을 제거해 준다. 작업의 정밀도나 소요시간은 업체마다 다르다.

옥상 방수

아파트는 관리실에서 전반적으로 주기적인 건축물 관리를 담당하지만, 저층 주거지 가운데 세대 수가 적은 공동주택은 제대로 된 관리실이 없는 곳도 많다. 그래서 공용 공간으로 간주되는 옥상의 관리·보수와 관련해 입주자 간 분쟁이 벌어지기도 한다. 최상층에 거주하는 사람은 피해가 발생하면 직접적으로 불편을 겪는다. 입주자 간에

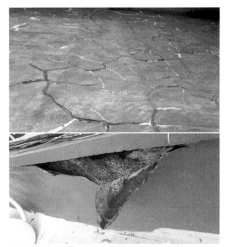

방수공사가 필요한 상태의 옥상

시공 여부와 시공 비용 협의가 원활하지 않을 수 있으니 주의하자.

노후된 상가주택이나 단독주택, 다세대주택 중에는 옥상 방수 처리가 아예 되지 않은 상태로 몇십 년을 지낸 경우도 있다. 옥상 방수공사 시에는 누수 원인을 먼저 파악하고, 옥상의 상태나 형태에 따라 방수 공법을 선택해야 한다. 옥상 방수 공법으로는 혼합형 유성우레탄 방수, 일액형 수용성 우레탄 방수, 에폭시 방수, 우레탄폼 방수 등이 있다.

업체 선정

옥상 방수는 업체마다 방식과 가격이 천차만별이다. 공동주택은 각 세대마다 비용을 갹출해야 하니 동의를 구하기 어렵다. 옥상 방수는 부분적으로 수리하면 다시 문제가 발생할 수 있으므로, 기존 방수재를 걷어내거나 새로운 기법을 적용하는 방안을 다각도로 고민해야 한다. 투입되는 인건비와 재료비를 협의하고, A/S에 대한 내용도 서면화하는 것이 좋겠다.

방수재 선택

외부용(자외선 OK) : 우레탄
실내용(지하주차장, 공장, 실험실, 화학실) : 에폭시

누수

누수란 물이 새는 것을 가리키는 말로, 현재 우리나라의 수도 누수율은 16~20%가량으로 추정된다. 누수 종류로는 배관 누수가 가장 많으며(70~80%), 그밖에 오폐수 배관, 건물 크랙, 방수하자, 욕조, 결로 현상 등에 의해 발생한다. 또한 누수 지점을 정확

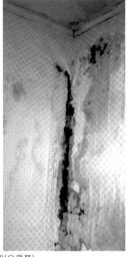

누수가 진행된 천장(왼쪽)과 벽체(오른쪽)

히 찾기 위해 '누수탐지기' 장비를 사용하기도 한다.

직수·온수·난방 배관과 물탱크 배관 등은 수도 계량기를 통해 누수가 일어난다. 누수 확률은 온수 배관이 75%, 난방 배관 15%, 직수, 기타 10% 정도 된다. 누수가 되는 원인, 즉 물이 새는 원인을 찾아서 그 원인에 따라 다양한 방법을 선택해야 한다. 많은 사람들이 제대로 된 누수 업체를 찾기가 어렵다고 호소한다. 만족할 만한 결과를 얻기 위해서는 물이 새는 원인에 대해 정확히 찾아내려고 하는 업체, 최적화된 방법과 장비를 제시하는 업체, 향후 A/S 방안을 명확히 제안하는 업체에 작업을 맡겨야 할 것이다.

보수 방법

누수 지점을 포착하여 점검해야 하는데, 우리나라의 경우 모든 배관이 매립되어 있어 육안으로 확인하기가 쉽지 않다. 때문에 누수탐지기라는 장비를 사용하기도 한다. 누수는 물과 관련된 배관에서 일어나는데, 일반적으로 직수로 연결된 온수난방 배관에서 발생하는 경우가 많다. 누수 지점을 포착하면 부분적으로 배관을 교체하는 것이 가능하다. 접합 부위, 즉 조인트(joint) 부분을 처리하고 사후 처리(방수작업)하는 등의 마무리도 중요하다.

누수 원인에 따라 선정해야 한다. 옥상에서 물이 흘러내릴 때 천장에서 누수가 발견됐다면 방수업체를 부르고, 배관이 원인인 경우에는 설비업체를 불러 원천적인 문제를 해결해야 한다.

노후배관 교체 및 청소

❶ 수도 배관 관리

전국 수도관의 누수율은 11.1%이고, 경기도 내 110만 가구가 녹물 가구라고 한다. 수도 배관이 노후하면 녹물이 나오거나, 물이 나오지 않는 현상, 물이 새는 현상 등이 나타날 수 있다. 건축 배관의 수명은 5년 정도인데, 주택으로 인입되는 배관 자체가 오래전 외부에 매립해 놓은 초기 메인 배관(관로를 지칭하는 현장 용어)을 사용하다 보니, 집안의 배관이 새것이라 해도 결국 오래된 외부 수도관에 녹이 슬어 녹물이 나올 수 있다.

눈에 보이지 않는 이물질 문제도 존재한다. 대한민국 전체 가정 내 수돗물의 30%에서 미세한 이물질이 발견되고 있다. 준공한 지 5년 이상 된 주택의 수도 배관을 청소하면 각종 중금속과 세균 등 오염물질이 나온다고 한다. 배관 구멍 자체가 녹으로 전부 막혀 물이 나오지 않는 경우도 있다.

지은 지 30년이 넘었다면 수도 배관도 30년 이상 낡은 셈이다. 실제로 녹물 문제로 고생하는 집들이 많다. 전국 지하에 매립된 메인 배관을 전부 교체하면 깨끗한 물을 가정까지 배달할 수 있다. 그러나 이는 현실적으로 불가능한 이야기다. 결국 가정과 회사, 학교 등 건물별로 정기적인 배관 청소를 통해 관리하는 수밖에 없다.

녹슨 수도 배관

관리 방법 수도와 보일러 배관 양쪽 전부를 청소하거나 필터로 정수해야 한다.

지원 제도 수도배관 노후로 불편을 겪는 시민들을 위해 1994년 이전에 건설된 주택을 대상으로 노후배관 지원금 사업이 실시되기도 한다. 일부 시별로 상수도사업본부를 통해 노후수도관 교체 공사비 일부를 지원받을 수 있다.

수리 방법 기존의 녹슨 아연도강관을 스테인리스 배관 등 녹 방지 자재로 교체.

❷ 난방 배관의 노후 관리

노후한 온수 배관

오래된 보일러의 연비, 즉 효율이 나쁜 이유는 낡은 보일러 기기 때문이기도 하지만, 보일러 배관 문제도 있다. 배관에 이물질이 쌓이면서 물의 흐름을 방해해 유속이 느려지고, 보일러 성능 저하(열전도 저감)를 야기하고, 연비가 낮아지는 등 복합적인 원인이 존재한다.

보수 방법 보일러 배관 청소 방식은 다양하다. 배관의 종류와 직수, 물탱크 등 개별 상황에 따라 압력과 필터 등 방식을 다르게 접근하며, 기존 배관 자체를 교체하기도 한다. 배관 청소는 3~5년 주기로 1회를 권장한다. 막혀 있던 배관을 청소하는 것만으로도 에너지 효율 상승 효과와 보일러 수명 연장 효과를 볼 수 있다.

온수 분배기의 주요 배관은 강관과 주물 부속으로 되어 있어서 배관이 노후하면 침전물이나 녹이 생겨 난방이 잘 되지 않을 수 있다. 누수되어 분배기 주변이 젖었다면 배관에서 산화가 진행될 수 있으므로 분배기 밸브를 교체하거나 배관이나 밸브, 분배기 자체를 교체하는 것도 고려해야 한다.

주택의 바닥(마루, 장판, 대리석 등)을 시공하기 전 난방 배관, 수도 배관, 온수 배관, 욕실, 발코니 등의 방수와 누수문제 등 상태를 확인하여 문제가 없는지 확인 후 바닥 시공을 하는 것이 순서이다.

업체 선정 수도 배관이든, 난방 배관이든, 진단이나 시공은 전문적으로 접근해야 하며 A/S 또한 중요하다. 무엇보다 유사 실적이 풍부한 업체를 고르는 것이 좋다.

곰팡이

노후주택에 발생한 곰팡이

곰팡이는 미세한 포자를 공기 중에 퍼뜨리므로 인체에 유해한 영향을 미친다. 노후주택과 상가에서 곰팡이가 발생하는 이유는 다음과 같다.

첫째, 소유자가 거주하지 않고 임차인만 반복적으로 바뀌었다면 환기에 소홀했을 가능성이 있다. 특히 열악한 주거 환경의 저소득층 지역에서 관리에 소홀한 일이 많다. 둘째, 1970~1980년대에 개인 업체가 다세대, 빌라 등 소형 공동주택을 시공하며 부실한 단열을 했을 수 있다. 셋째, 건물 자체의 습기 또는 배관에서 물이 서서히 새어 나와 결로가 발생했을 수 있다. 넷째, 주택 위치가 일조량, 통풍량 등이 열악해 습하고 어두운 환경이다. 이런 이유로 발생하는 내외부 온도와 습도 차이는 결국 곰팡이 균을 만들어 낸다. 곰팡이를 없애기 위해서는 근본 원인을 해결할 필요가 있다. 전용 약품을 사용한 후 단열 작업을 하고 실내 벽체를 마감하길 추천한다. 노후주택에서 곰팡이를 100% 박멸하기란 거의 불가능하지만, 곰팡이 제거 시공을 하고 단열공사를 병행하면 주택 수명을 단 몇 년이라도 연장할 수 있다.

업체 선정 곰팡이를 제거하고 단열재까지만 마감해주는 단종 업체가 있으므로 (도배는 별도) 해당 실적이 많은 업체를 위주로 선정한다.

보수 방법 곰팡이 제거제의 주 성분인 차아염소산 나트륨은 인체에 유해하므로 사용시 조심해야 한다. (농도, 환기, 안전장비 등) 무엇보다 곰팡이의 근본적인 원인 (누수, 결로 등)을 찾아서 해결하는 것이 가장 장기적이며, 곰팡이 제거 후 단열작업을 병행하는 것이 예방책이 될수 있다.

노후된 전기 계량기

노후 전기 배관

전기 배선과 분전함이 노후되면 합선의 위험이 커지므로 철거 후 교체해야 한다. 110v를 사용하는 건물이라면 220v로 승압 공사를 해야 한다. 노후 단독주택은 층별로 분전함이 위치한 경우가 많으니 성능이 떨어진 세대 분전함은 새로 교체한 뒤 누전 점검을 한다. 전기량이 많은 곳이거나 상가등의 상업시설로 사용할 예정인 곳이라면 승압신청을 하는 것도 고려한다..

업체 선정 조명을 달아주는 시공업체와 전기설비를 다룰 수 있는 업체는 기술력 면에서 다르다. 전기 전문면허나 전기설비 전반에 대한 계획과 관리에 능하고 실적이 많은 업체를 위주로 선정한다.

보수 방법 노후 건물의 전기공사는 계량기와 배전판을 교체하는 사례가 많으므로 전기 인입선에 따른 계량기 및 배전판의 위치, 지하수와 정화조, 가로등 등 외부 배선의 컨트롤 장치, 내부 콘센트, 스위치, 통신, 조명 등의 계획에 따라 전기 도면을 확정해 나가야 한다. 전선의 외부 노출을 피하고 설계에 의해 벽면이나 천정면의 마감 전에 전기 배선이 이루어질 수 있도록 공사 착공 전에 전기공사 도면을 확정하는 것이 좋다. 상업건물과 같이 전기소비량이 많은 곳은 단독으로 전기 배관과 차단기 공사를 진행하여 누전이나 감전을 예방할 수 있도록 한다.

리모델링 시 노후주택의 관리법

항목	관리 방법
내외부 벽체	균열 보수
전기	기존 노후된 전기선 정리 및 승압 공사(스위치, 콘센트 신규 증설)
창틀(새시)	점검(개폐, 방음, 밀실성) 후 교체
벽	• 내력벽은 철거 불가(비내력벽만 철거 가능) • 외부와 인접한 벽은 단열공사
욕실	• 욕조를 철거한 자리에는 방수공사가 필요 • 욕실 시공 시에는 배관이나 균열에 주의
배관	• 수도배관 : 점검 후 교체 가능 • 온수 분배기 등 각종 노후 배관 : 점검 후 교체하거나 난방 배관 청소

18

리모델링 공사 전에
알아야 할 것들

리모델링 공사에는 3가지 종류가 있다. 도급공사, 직영(직접)공사, 셀프공사가 그것이다. 각각 어떤 차이가 있을까?

리모델링 공사의 종류

❶ 도급공사

당사자 일방이 어느 일을 완성할 것을 약정하고, 상대방이 그 일의 결과에 대하여 보수를 지급하기로 약정하는 것을 도급계약이라고 한다(민법 664조). 하나의 업체를 선정하여 과정 일체를 전담토록 하는 것이다.

❷ 직영공사

주문자(소비자)가 운영하는 공사로, 자재구매와 작업자 섭외, 현장 계획, 지시, 관리 등을 직접 실행한다. 도급공사보다 저렴한 것이 장점이지만, 전문가가 아니다 보니 공정별 혼선이 있을 수 있고, 마감 상태가 좋지 않을 수 있다. 또한 작업자 관리가 어려울 수 있다는 것도 단점이다.

구분	신축	리모델링
설계	다양한 평면과 디자인이 가능	현재의 평면을 바탕으로 하며, 건물과 건폐율 면적이 유지되므로 제한적
공사기간(공기)	리모델링에 비해 기간이 오래 소요	규모와 공사 범위에 따라 기간이 다소 유동적이나 신축 공사에 비하면 짧은 편
주차공간	건축법에 맞춰서 확보하는 것이 의무	별도로 주차장을 확보하지 않아도 됨 (인허가 유무에 따라 결정됨)
건축의 구조물	다양한 선택이 가능	기존 구조를 활용하여 추가 보강, 제한적이기는 하나 필요 시 구조 설계가 가능하기도 함
구조 검사 및 보강	구조 검사가 의무 / 구조 공사 시에는 보강 작업 필요	내력벽과 가벽 등의 슬라브 강도 체크, 안전 진단이 필요 / 필요에 따라 구조 공사 시 보강 작업
건축의 허가	관련법에 맞춰 설계 사무소를 통해 작성된 도면과 허가 서류를 관계 기관에 제출한 후 허가를 득함	규모에 따라 인허가 과정(대수선, 개축, 재축, 증축) 허가나 신고가 필요 / 소규모주택의 경우 대부분 생략함
단열	다양하게 선택이 가능	기존 단열에 추가 단열 공사가 가능
철거비용	없음	철거비용 발생

❸ 셀프공사

주문자(소비자)가 자재구매, 시공, 관리에 직접 참여하는 방식이다. 도급이나 직영공사보다 저렴하게 할 수 있는 것이 장점이다. 그러나 공정별 마감을 이해하는 데 개인별로 어려움이 있을 수 있고, 마감 상태가 좋지 않을 수 있다. 모든 공정의 책임을 스스로 져야 한다.

공사 시 반드시 점검해야 할 사항

직영공사를 할 때는 다음 9가지는 반드시 점검해야 한다(부록의 '직영공사 시 체크리스트'를 활용하기 바란다).

1. 현장을 방문하여 실측(치수 재기)하고 사진을 찍어둔다.
2. 현장 상태를 파악해야 한다. 수도와 난방 배관 상태는 어떤지, 누수나 곰팡이는 없는지, 내외부 벽체에 크랙이 보이지는 않는지 등을 살펴본다.
3. 전체 도면을 작성한다. 도면이라고 해서 어렵게 생각할 필요는 없다. 작은 평수라면 직접 치수를 재서 이를 기입하여 손으로 도면을 그리는 것으로 충분하다. 아파트는 인터넷 부동산 매물 사이트에서 내부 평면도를 공개하고 있으니 이것을 사용하면 된다.
4. 단계별 작업사항을 적은 전체 공정 리스트를 작성한다.
5. 유용 가능한 자금을 바탕으로 예산 금액을 정한다.
6. 개별 업체를 수배하여 공정별 스케줄을 짠다. 이때 각 업체마다 견적을 받으면 나름의 기준을 가지고 업체를 선정할 수 있다.
7. 자재 시장이나 온라인을 통해 저렴하게 직접 자재를 구매하는 방법도 있다.
8. 착공 후에는 꾸준히 관리하며 이를 기록하고 사진을 남긴다.
9. 전체 지출 금액을 종목별로 정리한다. 이렇게 해놓으면 다음번 리모델링 시 가격을 대략 예측할 수 있다.

업체 선정 기준

도급이든 직영이든 가장 큰 고민은 과연 어떤 업체를 선정해야 할 것인가이다. 공사 종류와 관계없이 공통적으로 도움이 될 만한 기본적인 선정 기준을 소개한다.

❶ 전문성

해당 분야에 대한 지식이 상세한 기술력과 시공과정, 시공방법, 신(新)자재에 대한 정보 등을 구체적으로 제시할 수 있는지가 중요하다. 일반인은 대체로 작업에 걸리는 시간을 잘 모른다. 작업자를 직접 상대할 때 기간이 무한정 늘어져 인건비 폭탄을 맞는 경우가 있으니 정확하고 계획성 있는 기간을 제시하는 업체와 함께 일할 것을 추천한다.

❷ 가격

최소한 세 군데 이상의 견적을 받고 비교하여 합리적인 가격인지 판단해야 한다. 이때 주의할 점은 최저 가격이라고 해서 무조건 좋은 것이 아니란 점이다. 업체의 전문성에 기준을 두고 자재 품질과 작업 난이도를 따질 필요가 있다.

❸ 기존 실적(경험)

유사 실적의 보유 유무와 대처 능력이 중요하다.

❹ 약속의 준수

납기나 미팅, 준공 등 시간 약정에 철저한가도 반드시 살펴봐야 한다.

리모델링 시 시간 관리는 비용 절감과 효율성 측면에서 매우 중요하다.

❺ A/S

개인업체는 사업자등록이 되어 있지 않거나 소규모로 움직이므로 A/S가 보장되지 않는 경우가 많다. 서류상 약속을 받아 놓았는데 업체가 없어지거나 연락이 두절되기도 한다. 만약 개인업체가 A/S 비용까지 포함해서 결제를 요구한다면 사후관리 대처 방법을 실질적으로 의논하고, 비용이 크다면 서면화하는 것도 방법이다.

19

실전 리모델링
1. 도급공사

리모델링이라고 하면 "집 꾸미는 거 아니야? 낡은 집인데 겉만 꾸며 봤자지."라고 말하는 분들이 있다. 리모델링과 인테리어의 개념이 명확하지 않아서 나오는 반응이다. 그렇다면 인테리어와 리모델링은 과연 무엇이 다른 걸까?

인테리어는 내부 공간, 즉 실내를 장식하는 일이다. 한편, 리모델링은 내부와 외부의 기능 향상과 수명 연장을 꾀함으로써 건물의 경제적 효과까지 높이는 것을 말한다. 범위로 따지면, '토목 > 건축 > 리모델링 > 인테리어 > 디스플레이 > 데코레이션' 정도로 말할 수 있겠다.

따라서 리모델링 공사를 고려한다면 다음과 같은 업체를 선정해야할 것이다. 첫째, 내부 설계력뿐 아니라 외부의 건축적인 요소를 알아야한다. 둘째, 전·월세 시세 등을 수익률에 대입하여 판단할 수 있을 정도로 부동산을 보는 눈을 갖춰야 한다. 여기에 리모델링에 적당한 상한 금액을 선정하는 능력까지 있다면 금상첨화이다.

시공 vs. 설계

　노후건물 수리를 위해서는 수많은 노하우와 경험치가 필요하다. 향후 건물의 안전성까지 걸린 문제이므로 단순히 금액 위주로만 볼 일이 아니다.

　1970년대에 주거 수준이 높아지면서 인테리어 디자이너가 생겨났다. 초기에는 경제적으로 여유 있는 사람들이 일차적인 주거 목적이 아니라, 이차적으로 안락하고 쾌적한 공간을 추구하면서 디자인과 설계력에 대한 가격이 매겨지기 시작했다. 그 영향으로 기업체, 관공서, 건설사 등을 상대로 하는 공사부터 개인 소비자 상대의 공사까지, 규모와 범위에 관계없이 전부 인테리어로 통칭하게 되었다. 이것이 바로 길거리의 도배·장판집, 철물점도 인테리어 간판을 내걸고 '기본 수리비+@'를 제시하게 된 배경이다.

　'설계'라는 작업은 다양한 경험을 통해 결과를 예측하는 일이다. 상상만으로는 한계가 있다. 설계를 해보지 않은 업체나 길거리샵의 시공자들에게 설계력까지 요구해선 안 된다. 이런 이유로 단지 가격만 가지고 업체를 단순 비교해서는 안 된다. 좋은 설계자는 사용자의 행동양식, 휴먼스케일, 가구의 형태, 쓰임새, 향후 발생할 수 있는 관리방법 등등 모든 세부적인 부분을 사용자와의 상담을 통해 결정한다. 큰 그림에 대한 기획이 빠진 상태에서의 리모델링은 그야말로 '단순 공사'에 그칠 수밖에 없다. 가벼운 시공은 큰 문제가 되지 않지만, 기능적인 시공은 반드시 전문적인 기술력과 향후 계획이 동반되어야 한다.

리모델링하다 낭패 보지 않으려면<small>(공사 전 알아야 할 것들)</small>

과거 필자가 기업체를 상대로 공사를 진행했을 때는 결제와 관련해 곤란을 겪은 일이 별로 없었다. 오히려 관공서 같은 곳에서는 결제일이 어찌나 정확한지 감탄할 정도였다.

하지만 부동산 투자와 강의를 시작하면서 접한 개인 소비자 시장, 즉 B2C 건축과 인테리어 시장은 B2B 시장과 비교하면 그야말로 무법천지였다. 상대적으로 시공 지식이 없는 소비자들이 소규모 업체에 어떤 기준이나 보장 없이 맡겼다가 낭패를 보는 경우가 비일비재했으며, 시공업체가 불성실하거나 비전문가인 경우도 많다.

그런가 하면 시공업체가 성실하게 시공을 마쳤음에도 불구하고 갑의 입장인 의뢰인<small>(소비자)</small>이 이것저것 꼬투리를 잡으며 시공비를 주지 않는 경우도 보았다. 반대로 소비자가 시공업체에게 꼼짝 못 하고 당하는 경우도 목격했다. 분쟁이 발생할 경우 양쪽 모두 소송이나 법률적인 해결책으로 종결되지 않는 경우가 많다.

리모델링은 처음부터 완제품을 가지고 시작하는 일이 아니다. 과정마다 사람이 관여하며 일일이 결과물을 내는 일이다 보니 서로의 기대치나 예측이 당연히 다를 수 있다. 여기에 대처하기 위해서는 착공 전에 서로 원하는 바와 금전적 한계를 명확히 그어야 하지만, 난생처음 리모델링을 시도하는 사람들로서는 막막하기만 할 것이다.

그렇다면 업체를 선정해 도급공사를 진행할 때 어떤 부분에 주의해야 할까? 발생 가능한 흔한 문제 상황과 그에 관한 대처법을 미리 알아두면 도움이 될 것이다. 여러 가지 상황을 살펴보자.

❶ 업체 간 견적이 크게 차이 날 때

사례　단독주택을 구매하고 3개 업체에 리모델링 견적을 의뢰하였다. 그런데 업체마다 견적이 다르다. 다음 세 업체 중 어디를 선정하는 것이 좋을까?

- A업체 : 2억 원 (상세한 내용보다는 저렴한 가격을 제시)
- B업체 : 2억 5,000만 원 ("당신만 특별히 이 가격에 해주겠다"라고 함)
- C업체 : 3억 원 (이 금액 이하로는 어렵다고 함)

시공에 대한 지식이 전무한 경우 A업체를 고를 가능성이 크다. 모르는 분야라 불안하다 보니 가격이라도 일단 낮춰 놓고 시작하려는 것이다. 그러나 금액만으로 시공업체를 결정하면 향후 어마어마하게 놀랄 일들만 생기는 경우가 많다. 사람의 이해도는 지극히 자기중심적이기 때문에 내용에 대한 협의나 이해 없이 금액만으로 착공(공사 시작)할 경우 결과물에 대한 양측(소비자와 시공자)의 생각이 전혀 다를 수 있다. 리모델링은 머릿속의 생각이나 구상만으로 진행되지 않는다. 시공자와 작업자의 손을 빌려야만 완성되므로 서로의 계획을 상세히 이해시키려는 노력이 필요하다.

위 사례와 같은 경우라면 3곳의 업체 중 다음 요건에 가장 잘 들어맞는 곳을 선택하는 것이 좋다.

- 리모델링 공정을 가장 쉽게 설명해 주는 업체
- 문제 해결 방법을 고객이 이해할 수 있게끔 상세하게 제시하는 업체
- 최신 공법을 최대한 활용하려고 하며, 일에 대해서 적극적인 자세를 가진 업체
- 다양한 작업 방식을 설명해 주는 업체

여기에 한 가지 더하자면, 중간중간 현장 진행 과정을 원만히 의논하며 진행할 수 있는 업체가 가장 좋다고 하겠다. 건축 현장에서는 언제든 돌발 상황이 발생할 여지가 있다. 기존 계획을 변경할 수밖에 없는 상황에서 더 좋은 아이디어를 제시하는 업체, 주인과 같은 마음으로 좋은 쪽으로 결론 낼 수 있는 유연함을 발휘하는 업체라면 베스트이다. 이런 업체에게 감사한 마음을 표현한다면 생각지도 못했던 정보를 얻을 수도 있을 것이다. 단, 기존 견적서나 계약서 내용에 없던 '추가사항'이 발생한다면 반드시 이메일이나 서면으로 확인하고 이를 보관하도록 하라.

❷ 계약서 없이 진행 중인데 마음에 들지 않는다면

사례   지인이 소개해 준 업체에 노후주택의 리모델링을 맡겼다. 큰 규모의 공사가 아니라서 견적서나 계약서 없이 구두 계약만으로 착공했다. 그런데 작업 기간과 내용, 마감 등이 처음의 약속과 크게 달라서 이에 항의하자 법대로 하라는 답변이 돌아왔다.

종합적으로 관리 감독이 가능한 전문가가 아닌, 단종업체나 작업자 개인이 도급공사 전반을 진행하는 경우 사례와 같은 상황이 종종 발생한다. 예를 들어, 본업은 목수인데 어깨너머로 설비 일을 배워 병행하던 차에 페인트와 도배, 장판까지 전부 맡아 진행하는 식이다. 물론 일부 이야기이긴 하지만 실제 이로 인한 분쟁이 빈번히 발생하고 있다.

따라서 소비자는 공사를 맡기기 전 시공업체에 대해 충분히 알아보고 결정할 필요가 있다. 위와 같은 경우 작업에 대한 전문성은 물론이고 A/S에 대한 보장도 받을 수 없기 때문이다. 사례와 같은 일이 자주 벌어지고 있지만 이러한 부분을 중재할 수 있는 기관이나 협회 등은 아직 없다.

❸ 중도에 업체가 부도나거나 사라졌을 때

사례　　마음에 드는 상가 1층을 매입했는데 상당히 낡은 상태였다. 지인이 소개해 준 인테리어 업체와 구두로 계약하고 공사하던 중 갑자기 작업이 중단되었다. 알아보니 부도가 나서 인테리어 사무실이 없어진 것이었다.

구두 계약으로 공사에 들어갔다가 부도 등의 이유로 중단된 경우 양측 간 확인 서류가 없다면 피해 보상을 받기 어려운 상황이 많다. 더욱이 지인이라는 이유로 계약서를 쓰지 않거나 견적서를 제대로 작성하지 않는 사례가 많은데, 원만히 잘 협의하면 문제가 없으나 중간에 분쟁이 발생하면 어느 한쪽은 손실을 보게 된다.

의뢰인은 일단 현장이 멈추므로 시간상의 손해, 그에 따른 영업이익과 기회비용의 허비 등 손실을 보게 된다. 각각의 공정을 집행하는 작업자(하도급업체) 또한 중간 정산이나 설계 변경 등에 관한 협의가 원만하지 않은 등 작업을 중단한 여러 이유가 있었을 것이다. 시공의 특징상 여러 업체가 하도급의 형태로 일에 참여하다 보니 도급업체와 하도급업체 간에도 계약서를 쓰지 않는 경우가 많다. 대부분 인력으로 하는 일이어서 작업 진척 내용을 기록하거나 확인하기가 까다로운 편이다. 이런 부분까지 감안하면 참 난감한 상황이라고밖에 할 수 없다.

이처럼 확실한 신원 확인 없이 현장을 맡겼는데 갑자기 연락이 되지 않아서 수소문한 결과 그 업체가 부도난 사실을 확인했다면 가장 먼저 해야 할 일은 무엇일까? 일단은 계약서와 계약서의 기준이 되었던 견적서, 지급한 시공금액을 기시공된 작업 내용과 비교해 본다. 만약 기시공된 작업보다 이미 지급한 시공금액이 더 많다면 앞으로 공사 진행을 어떻게 할 것인지에 대해 시공업체와 협의한다.

원만하게 협의하지 못했거나 아예 연락이 되지 않는다면 채무불이행 책임을 물어 손해배상 청구나 부당이득 반환청구의 소를 제기해야 한다. 안타깝게도 우리나라에는 건설 분쟁 분야의 전문 업체가 많지 않은 데다 시간과 비용이 소요되는 일이다 보니 서로 팽팽하게 맞설 뿐 원만히 해결되는 경우가 드물다. 더욱이 기존에 시공되어 멈춘 부분까지 금액을 산정하는 것은 너무 주관적이라 분쟁의 소지가 크다.

상대 업체가 부도난 경우라면 금액을 도로 내놓지 않으려고 할 것이고 소비자는 스트레스를 받게 된다. 큰 규모의 건설 분쟁은 그나마 소송으로 진행할 만하지만, 작은 규모의 인테리어나 단종 작업인 경우 소요 시간과 노력에 비해 반환받을 금액은 매우 적은 경우가 대부분이다. 착공 전 진행 과정과 예상 가능한 돌발 상황까지 꼼꼼히 챙겨야 하는 이유이다.

20

리모델링 공사,
업체 선정이 반이다

자격증이나 경험 없이 그저 '인테리어'라는 간판만 걸고 영업하는 업체가 디자인 능력이나 설계 및 자재에 대한 전문성을 가지고 있을 리 만무하다. 도배, 장판 시공만 하면 400~500만 원 정도인데 토탈 인테리어를 영업하는 과정에서 2,000~3,000만 원으로 훌쩍 올라가는 경우도 있다. 지난 3년간 한국소비자원에 접수된 인테리어 피해는 총 177건이다. 두 집 가운데 한 집꼴로 부실 공사를 경험한 것으로 나타났다. 이처럼 부실 공사에 의한 피해가 반복되는 이유는 뭘까?

첫째, 소비자들이 저렴한 금액의 유혹에 흔들리기 때문이다

가장 대표적인 것이 온라인으로 견적을 받고 금액만으로 비교하여 시공을 맡기는 경우다. 최근 카페나 블로그에 허위 포트폴리오나 시공 실적 사진을 올려놓고 이것으로 영업하는 업체들이 있다.

필자는 실태 확인을 위해 직접 온라인 인테리어 커뮤니티에 공사 견적을 요청하는 글을 올리고 상담과 작업 의뢰를 해보기로 했다. 글을 올린 지 한 시간도 지나지 않아 서너 군데의 업체와 개인 작업자로부터 연락이 왔다. 필자가 작업 장소, 작업 상태, 방법 등을 자세히 의논하자 여러 가지 대답이 나왔다. 금액도 천차만별이었다.

그러나 가장 중요한 것은 '전문성'이다. 난이도가 있는 노후주택은 작업 방법이나 접근이 잘못되면 시간과 금전 부담이 더욱 가중된다. 필자는 유선으로 통화했던 5개의 업체 중 1개 업체에 직접 작업을 의뢰해 보았다. 이런저런 핑계로 계속해서 작업 기간을 늘리고 작업자를 추가하는 목수를 보면서 "전문가에게도 이렇게 하는데 일반 소비자들에게는 오죽할까."라고 탄식이 나왔다.

실제 통화하고 만났던 온라인 업체 중 90%는 면허가 없거나 사업자 등록을 하지 않은 업체였다. 작업 실적, 작업 실력, 거취가 불투명한 업체나 사람에게 한 가지 작업을 맡기면 그럭저럭 해낼지는 모르나 사후 보수까지 기대하기란 어렵다. 심지어 사후 연락조차 힘들지 모른다.

이런 업체들은 현장 방문 후 견적을 저렴하게 제출하여 공사를 수주하는데, 자칫하면 소비자가 시공사의 사업자 현황을 미처 확인하지 못한 기간에 공사가 진행될 수 있다. 일부는 도중에 불필요한 공사까지 부추기며 애초에 정해진 금액보다 훨씬 더 많은 금액을 요구하기도 한다.

이외에도 가장 빈번한 문제는 다음과 같았다.

- 작업이 완료되기 전부터 선금을 요구함
- 증명되지 않는 과거 경력을 화려하게 열거함
- 시공금액을 최고로 부풀림

- 작업 자체의 연구와 품질보다는 결제에 집착함
- 작업비의 일부를 입금받고 연락 두절

그렇다면 이러한 일부 불량 업체들에 대처하려면 어떻게 해야 할까?
- 정확한 작업량과 원하는 마감 상태 등을 사전에 꼼꼼히 협의한다.
- 두세 군데의 견적을 비교한다.
- 재료 값을 미리 요구한다면 사업장 주소, 사업자등록증, 명함 등을 요구한다.
- 사업자등록증 사본과 하자이행 보증증권 발행을 요구한다.
- 공사 중 추가사항에 대해서는 사전에 협의하고, 반드시 서면이나 문자 등으로 '추가/변동 사항'을 남긴다.

둘째, 무등록업체가 판치는 까닭이다

무등록 업체로 인해 피해를 입으면 보상받기가 쉽지 않다. 작은 시공업체는 사업자등록이나 기술자등록을 하지 않은 경우가 많으며, 계약서가 없거나 혹은 있더라도 허술하게 작성하는 일이 잦기 때문이다. 노후주택에 관한 앞으로의 수요를 예상하면 이러한 단종업체, 기술력 없는 업체, 채무관계가 복잡한 업체 등을 관리 감독할 기관이나 단체 그리고 소비자 보호장치가 시급한 상황이다.

물론 성실한 업체도 많다. 제대로 된 업체를 고르기 위해서는 상세하고도 적절한 가이드와 합리적 방안(가격과 방법 면에서)을 제시하는 업체를 찾기 위해 노력할 필요가 있다. 그렇다면 믿을 만한 업체를 선정하기 위해 확인해야 할 것들은 무엇일까? 일단 사업자등록 및 면허 소지 여부부터 확인해야 한다.

- 사업자등록이 되어 있는 업체인가? 사업자등록을 하지 않고
  건설/인테리어 관련 일을 하고 있지는 않은가?
- 전문건설업에 등록하여 실내건축업 면허를 소지하였는가?
  일반 건설/인테리어로 면허 없이 공사를 하고 있지는 않은가?

면허 여부는 규제 대상이라기보다 자격 제한이라고 보면 된다. 건축 면허가 없으면 조달청이나 관급공사, 대기업에 응찰하지 못하는 등 규모에 대한 사업상의 제한이 있고, 개인의 일이라면 분쟁 내용에 따라 권리와 책임이 나뉜다. 참고로 무면허로 진행 시에는 전문공사의 경우 1천만 원의 공사까지만 진행할 수 있다. 건설산업기본법 제8조 제1항에 따라 건설업으로 등록하지 않아도 도급, 하도급을 할 수 있는 공사는 종합공사 중 1건 공사 예정 금액이 5천만 원 미만인 공사, 전문공사는 1건의 공사 예정 금액이 1천만 원 미만인 공사이기 때문이다.

집을 고치거나 지을 때 필요한 건설업 면허
- 인테리어 : 실내건축공사업 면허
- 신축공사 : 종합건설 면허
- 대수선 : 종합건설 면허

건축도 결국은 사람과 사람 간의 일이다

"당신이나 당신 가족이 여기서 산다고 생각해 보시오!"

"금액은 한정적인데 이런 식으로 추가만 하면 어떻게 끝낼 수 있겠습니까? 나는 뭐 땅 파서 장사합니까?"

집을 짓거나 고칠 때 의뢰인과 시공업체 간에 오가는 살벌한 대화이다. 건설 분쟁은 어제오늘 이야기가 아니다. 집을 고치는 사람도 집을 고쳐 달라고 의뢰한 사람도 각자 협상의 마지노선과 합의점 등을 명확히 잡지 못하기 일쑤다. 계약 당시의 견적서를 기준으로 한다지만, 막상 현장에서 공사가 시작되면 진행된 공사액을 산출하고 일별 작업 현황을 증거로 입증하기가 쉽지 않다. 이 같은 이유로 건설 분쟁이 소송으로 이어지면 판사를 납득시킬 만한 증거물이 불충분하여 결과 도출이 어렵다.

우리 사회의 잘못된 관습 중 대표적인 것이 '안전불감증'이다. 세상에서 가장 좋고 가장 안전하며 가장 싼 것이 있을까? 정답은 "없다"이다. 마찬가지 이유로 예산은 정해져 있는데 모든 것을 다 충족해 달라고 하면 그것은 억지이다. 되지 않는 일을 무작정 할 수 있다고 호언장담하며 작업을 진행하는 것도 큰 화를 부를 수 있다.

따라서 시공사는 명확하게 "요구하신 내용은 약속된 예산을 넘어서는 범위입니다. 지금 예산 내에서는 원하시는 내용을 적용할 수 없습니다"라고 정확히 말할 수 있어야 하며, 의뢰자는 무리한 금액(기존 견적서 외의 추가 사항)을 요구해서는 안 된다. 또한 공사 중 추가 상황이 생기면 추가 비용을 정산해야 한다. 공짜로 무언가를 얻으려 한다면 이는 결국 상대방의 이익을 빼앗겠다는 뜻이다. 서로 감정만 상하고 결과마저 나빠지게 된다. 리모델링 공사도 사람과 사람 간의 일이라는 사실을 항상 기억해 두자.

업체의 견적서, 믿어도 될까?

견적서 작성은 전문 분야의 고유 영역인 까닭에 많은 사람들이 인테리어 업체가 폭리를 취하고 있다고 생각한다. 진실은 어떨까?

사실 이것은 시공회사 양심의 문제이다. 견적서에 적혀 있는 용어는 일반 소비자가 이해하기 어려우며, 시공회사의 관리 비용과 기업 이윤의 폭을 얼마나 설정할 것인가의 문제이기 때문이다. 소비자와 도급업체 사이에 신뢰가 깨지면 시공 현장이 마무리되었음에도 불구하고 '마감'의 이유를 들어 시공비 잔금을 주지 않아 소송까지 가는 사례도 있다.

가장 좋은 것은 소비자가 만족하며 시공사에도 적정한 이윤이 주어지는 상황이다. 그야말로 윈윈하는 작업이라 할 수 있을 것이다. 물론 이 '적정한 이윤'에는 많은 갈등이 따른다. 이것이 소유주가 직접 시공하는 셀프공사에 관심이 집중되는 이유 중 하나일지도 모르겠다.

집을 고치는 과정은, 아니, 모든 일의 과정은 즐거워야 한다. 그래야 결과도 좋고 건강하고 행복하게 살 수 있다. 어쩐지 속은 듯한 기분으로 찜찜하게 공사를 진행하기보다는 스스로 공부하고 또 당당하게 설명을 요구하는 것이 좋다. 견적에 대한 의문을 해소하고 신뢰를 가지게 되면 리모델링 공사 과정이 더욱 즐거워지지 않을까.

견적서에서 꼭 확인해야 할 항목

　견적서를 받았다면 면적과 양, 인력(사람 품)은 꼭 점검해야 한다. 견적서에 포함되는 주요 내용은 다음과 같다.

- **재료** : 자재 종류
- **품목** : 공사 종류
- **인건비** : 필요한 인원수(주로 '식'이나 숫자로 표시함)
- **면적** : ㎡
- **개수** : 수량 표시
- **경비 및 관리** : 건당 또는 일수당 금액 표시
- **기타** : 대개는 장비(시간당 비용)

번호 NO ⓐ	품목 DESCRIPTION ⓑ	규격 SIZE ⓒ	단위 UNIT ⓓ	수량 Q'TY ⓔ	단가 U'PRICE ⓕ	금액 PRICE ⓖ	비고 ⓗ
1	**철거 및 폐기물 공사**						
	강화마루 철거 폐기		식	1	150,000	150,000	
	작은 방 벽체 철거		식	1	300,000	300,000	
	거실 천장 철거		식	1	150,000	150,000	
	신발장 벽체 철거		식	1	80,000	80,000	
	베란다 바닥 및 천장		식	1	250,000	250,000	
	싱크대 철거	상판	식	1	50,000	50,000	
	공사폐기물		차	1	200,000	200,000	
	사다리차		차	1	200,000	200,000	
	소계					1,580,000	

(이하 생략)

ⓐ 목차(순서) ⓑ 공사내용 ⓒ 자재 사이즈(되도록 상세히 기재하면 좋다)

ⓓ 식(인건비), EA(자재의 개수), 자('자'당 금액, 1자=30.30303cm, 원단이나

  새시, 가구 등의 치수를 표기할 때 주로 사용),

ⓔ ⓓ에 기재된 인건비의 인원수, 면적이라면 m^2 또는 평, 자재의 개수 기재(가장 중요)

ⓕ 건당 가격 ⓖ 총가격

ⓗ 추가 발생 유무나 공사 특이사항(사이즈, 색상) 등을 별도 기재하기도 함

위 각 항목, 즉 면적이나 사이즈, 사양에 대한 설명을 충분히 한 후 기재하는 것이 향후 갈등의 소지를 줄이는 방법이다. 이를테면 새시에 브랜드명과 사이즈, 고유번호를 기재한다면 시공 및 추가 주문 시 기준이 생기므로 향후 분쟁을 예방할 수 있다.

21

계약서 작성과
하자보수

계약서는 금액에 따라 쓸지 말지 결정할 수 있다. 직영공사의 경우 단종별로 각각 시공하기 때문에 계약서를 쓰지 않고 통상 시공자와 구두로 금액과 일의 범위를 결정하기도 한다. 계약서를 작성할 때는 다음과 같은 사항에 주의해야 한다.

- 사업자등록증은 반드시 확인한다.
- 국토교통부 건설업체 정보 조회를 통해 등록 여부를 확인한다(신축인 경우).
- 계약서에는 건축자재의 종류, 가격, 면적, 하자보수 내용, 기간을 명확히 기재해야 한다.
- 무조건 가격으로만 결정하지 않도록 한다. 미등록 업체가 공사비를 싸게 해준다는 말로 계약을 일단 성사시키고 보는 경우가 있기 때문이다.
- 결과물에 대한 생각이 업체와 다를 수 있으니 자신이 원하는 이미지나 사진을 계약서에 첨부한다.

- 계약서의 특약사항에 공사 중 공사가 중지되면 "기시공했던 공사금액을 객관적으로 산정하여 정산한다"라는 문구를 넣는다.
- 계약서에 공사 기간을 지정하고 지체 시 총공사비의 1일(1/1,000~1/3,000)을 지체 상금으로 지불한다는 내용을 넣는다.
- 하자보증서(하자기간 명시, 12~24개월)나 서울보증보험 발급을 요구한다.
- 주민등록증이나 사업자등록증을 대조하고, 사업자등록증 사본을 보관하는 것이 좋다.

Remodeling Note

공사지체 보상금이란?

◆

공사 관련 시공업체가 계약서에 명시된 입주일에 맞춰 공사를 끝내지 못한 경우 소비자에게 지불해야 할 보상금이다. 지체상금 또는 지체보상금으로 불리며 '아파트 입주 지체보상금', '공사지체보상금'이 대표적인 예이다. 보상금은 계약 체결 당시 당사자 간의 약정에 따라 정해진 일정률과 지체 날짜 수를 곱해 산출되는 게 일반적이다. 아파트의 경우 지체보상금은 아파트 분양자가 워낙 많은 탓에 분양 공고문에 보상내용을 정해 공포하고 있다. 그러나 지체의 이유가 시행사의 귀책사유가 아닌 천재지변, 행정명령, 기타 불가항력적 원인에 의한 경우라면 시행사는 계약자에게 지체보상금을 지급할 의무가 없으며 채권자는 아무런 이의를 제기할 수 없다. 하자가 있음에도 입주를 해야하는 상황이 생긴다면 입주지정 개시일부터 하자 보수가 완료될때까지 시행사가 부담하기로 한 이자 상당의 비용을 손해배상금으로 청구가 가능하다. 리모델링 계약에서는 공시기간 지연 시 매1일당 지체 보상금은 통상 계약액의 1/1,000~1/3,000으로 정하고 있다.

물론 이렇게 하더라도 리모델링 의뢰자가 의뢰한 건에 대해 업체로부터 시작부터 끝까지 설명을 듣고 이해했을지, 공정 과정에 의심이 생기는 부분이 있거나 개선하고 싶은 점이 있을 때 협의가 잘 이루어질지, 과연 시공하는 측이 의뢰인의 편에서 유리하고 합리적인 가격 결정을 도와줄 수 있을지는 의문이다. 시공사도 이윤을 남겨야 하다 보니 자칫 의뢰인(집주인)과 이해관계가 대립하기 쉽다.

집을 짓거나 고치는 일이 서툰 의뢰인은 건축 현장 용어가 낯설고, 어떤 공정을 실시해야 할지 도무지 판단이 안 서기 마련이다. 이를 위해서라도 최소한의 기본 지식은 갖춰야 한다. 이 책에서 설명한 내용만 숙지하더라도 필요한 순간 요긴하게 사용할 수 있을 것이다.

Remodeling Note

불완전이행 시 가능한 조치

◆

아는 사람에게 인테리어를 맡기고 구두상으로만 금액이나 공사내용을 협의한 채 공사가 진행되었는데, 해주겠다는 내용을 차일피일 미루고 마감상태가 떨어지는 등 불편함을 겪고 있다고 해보자. 협의가 안 되는 경우 소송을 통해 피해를 보상받을 방법이 있을까? 이런 경우에는 불완전이행을 이유로 계약해제 또는 손해배상 청구를 할 수 있다. 계약해제를 하고 원금을 받는 방법과 기존 계약대로 이행을 청구하며 배상받는 방법도 고려할 수 있다. 소송 전에 임의 이행을 기대할 수 있는 내용증명을 보내서 1차적으로 사실 내용을 알리는 것이 먼저이다. 소송으로는 원하는 내용과 금전을 모두 얻기 힘들 수 있다. 서로 협의하여 원하는 방향을 조절하기를 먼저 추천한다.

하자보수 받기

건축주는 건물을 신축하기 전 하자보수 보증금을 관할 지자체, 서울보증보험이나 건설공제조합 등에 예치해야 한다. 이는 법으로 정해진 것이다. 하자보수 예치금을 입금해야 사용승인(준공)에서 통과되고 신축 빌라 건물의 처음 등기인 보존등기가 나온다. 금액은 총건축금액의 3%

이며, 건축물에 하자가 발생할 경우 입주자 2/3 이상이 동의하면 이 금액에서 하자보수를 할 수 있다.

내력 구조별 하자와 시설공사별 하자는 책임 기간이 다르다.

내력 구조별 하자는 건물의 주요구조부, 내력벽, 기둥, 보 등 공동주택 구조체의 일부 또는 전부가 붕괴된 경우나 안전상 위험을 초래하거나 초래할 우려가 있는 정도의 균열, 침하가 발생한 경우를 말한다. 건물의 주요한 구조인 지반공사와 내력 구조부별 하자발생 시 하자 담보 책임기간은 10년이다.

시설공사별 하자는 공사상의 잘못으로 인한 균열, 파손, 누수, 작동, 기능의 불량이 발생하여 안전상, 기능상, 미관상, 사용상의 지장을 초래할 정도의 결함이 발생한 경우를 말하며 하자 원인에 따라 2~5년까지 담보책임기간이 구분된다.

연차별로 보증금액이 다르게 측정되니 주의하자.

하자보수 방법은 다음과 같다. 일단 입주자의 동의를 구한 후 진단업체 혹은 관련 업체를 선정한다. 그리고 업체의 견적서와 사진 등을 근거로 건물주나 건설업체 등의 사업 주체에 하자보수를 요구하면 된다. 신축 빌라가 아니더라도 공동주택을 포함하여 단열 불량 하자는 실내 생활에 지속적인 피해와 불편을 끼치므로, 매년 반복된다면 입주민 대표 혹은 동대표 등의 관리단을 구성하여 사업주에게 요구한다. (물론 관리상의 영향도 있으므로 절대적으로 집의 구조적인 문제만은 아닐 수 있다.)

하자와 관련된 분쟁에서 가장 큰 비중을 차지하는 것은 누수와 결로 문제이다. 누수는 겉으로만 확인해서는 원인을 알기 힘들뿐더러 누수 원인과 해결책을 제대로 제시하는 전문가를 찾기도 어렵다. 애초 신축

시 건축주가 단열에 대한 계획을 가지고 해당 건물에 맞는 최선의 방법을 지시했다면 좋았겠지만, 현실적으로 어려운 일이다 보니 시공업체에 일임하는 경우가 많다. 그 때문에 누수 피해가 나타나는 것은 대부분 신축하고 시간이 얼마간 지난 후이다.

하자 담보와 범위, 책임 기간(건축물의 준공일자를 기준으로 적용)

- 1년 차 하자 : 마감공사(도배, 칠, 금속, 미장, 문틀, 유리공사)
- 2년 차 하자 : 옥외 급수 위생, 조적, 단열 공사, 타일, 옥내 가구, 난방 환기, 급수설비
- 3년 차 하자 : 포장 공사, 온돌 공사, 설비, 승강기
- 4년 차 하자 : 옥상 방수공사 및 우수관 공사, 철근콘크리트 공사
- 5년 차 하자 : 보, 바닥 및 지붕의 균열

* 공사금액이나 규모, 지역에 따라 조금씩 차이가 있다.

하자 발생 시 소유자는 예치금에 대한 의무사항을 지켜야 하며, 피해자가 건물주에게 청구하지 않으면 건축주에게 반납되는 금액이므로 잘 활용하는 것이 좋다. 일부 업체는 하자보수 보증금을 받아 부실하게 공사하거나, 하자보수 공사를 하는 흉내만 내고 공사비는 과하게 제시할 수도 있으니, 시공 전에 해당 업체의 실적과 실력, A/S 범위와 기간 등을 따져 가장 신뢰할 만한 업체에 맡기도록 하자.

하자 접수 및 하자이행보증서

한국소비자원에 접수된 주택 인테리어, 설비 관련 소비자 피해의 절반은 부실공사로 인한 하자였다. 이런 피해가 만연한 이유는 소비자가

하자를 요청해도 건축주가 연락을 받지 않거나 재시공을 미루는 일이 빈번하고 또한 그에 대한 대처법을 잘 알지 못하기 때문이다.

여기서 주목할 만한 것은 시공비용 1,500만 원 미만이 전체 피해의 69%를 차지한다는 점이다. 비교적 소액 시공에서 피해가 속출하는 이유는 무엇일까? 건설업 등록을 하지 않은 업자가 공사를 하는 경우가 많기 때문이다. 1,500만 원이 넘는 공사를 하는 사업자는 손해배상보증 공제에 가입해야 하지만 그 이하의 금액 공사는 건설업 등록을 하지 않아도 되기 때문에 사후 보증을 기대하기 힘들다.

22

실전 리모델링
2. 직영공사

오늘날 배움의 속도는 환경 변화 속도를 따라가지 못한다. 한 사람의 개인적 능력으로는 감당할 수 없을 만큼 많은 것이 빠르게 바뀌는 시대이다. 하루가 멀다 하고 쏟아지는 정보량 또한 엄청나기에 그 가운데 옥석을 선별할 능력과 안목을 키우는 것이 중요하다.

필자 또한 리모델링 실무를 담당하는 입장에서 매번 다른 상황과 공간에 어떤 방법, 기술자, 신소재를 택할지 항상 고민이다. 그러나 직접 공사를 생각한다고 해서 소비자들 또한 이처럼 공부하고 고민할 필요는 없다. 특정 분야에 깊이 파고드는 것은 그 분야의 전문가에게 맡겨 두면 될 일이고, 일반 소비자에게 진정 필요한 것은 그 전문가를 알아볼 만한 지식과 식견이다. 기본적인 내용을 알고 일을 지시한다면 속을 일도, 후회할 일도 줄어들 것이다.

직영공사 순서 ───────────────────────────────

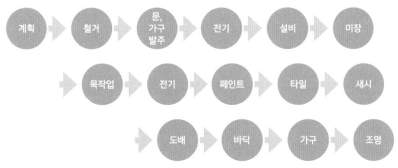

* 작업 공정이나 상황에 따라 순서는 바뀔 수 있다.

대부분의 일반인이나 리모델링을 처음 접하는 사람들이 어려워하는 것은 '가격', '시공 범위', '시공 가능성'이다. 본인이 원하는 방향이나 그림을 원하는 금액 내에서 구현할 수 있는지에 대한 의구심이 많다.

그래서 통상 '평' 단위의 금액 질문을 많이 받지만, 사실 '평'의 개념으로 접근하면 오류가 발생할 수 있다. 예를 들어 철거를 단지 '평'으로만 계산하면 평당 5만~10만 원이 된다. 하지만 철거는 철거할 품목별로 난이도가 달라서 품목별, 부위별로 산출하는 것이 더 정확하다.

·········· Remodeling Note ··········

시공자 섭외 팁
◆

시공 방법이나 공정에 관해 지식이 있다면 시공자만 선정해서 진행할 수 있다. 근거리의 시공자를 섭외하여 시공을 의뢰해 보자. 며칠 정도의 작업이라면 장거리보다 근거리에 위치한 시공자를 섭외하는 것이 유리하다. 장거리의 시공자일 경우 교통비와 시간적 경비를 요구할 수 있기 때문이다. 하지만 근거리 시공자라도 실력을 알 수 없는 경우가 있으므로 주의해야 한다.

리모델링 직영공사 프로세스와 주의사항

1. 계획

전체 디자인, 구조, 전체 예산, 작업자 섭외, 자재 준비 등이 해당된다.

2. 철거

비용은 평당가가 아니라 조건별, 물량별로 산출해야 한다. 가구를 철거할 때는 가구 제작업체나 가구 매장 등에 수거를 부탁하면 된다(폐기물 처리도 함께 부탁할 수 있다).

내력벽 : 건물의 구조를 담당하여 철거할 수 없는 벽체이다.

구조 변경 예정인 주택의 철거 시 철거 전 반드시 구조에 대해 조사하여 보강(구조를 안전하게 보완하는 것) 여부를 전문가와 상의해야 한다. 노후된 건물 구조를 보강하거나 용도를 변경할 때는 구조설계를 통해 안전을 보강한다.

주의 사항
철거 물량 예측, 비내력벽 주의, 철거 중 전기배선 감안, 방음 민원 문제

비내력벽 : 주로 미관상의 역할이나 칸막이 역할을 하여 철거가 가능한 벽체이다.

3. 문, 가구 발주

제작에 3일~일주일 이상 걸릴 수 있으므로 설치 날짜까지 고려해서 미리 설계·주문해야 한다.

4. 전기

목공 등 구조 작업을 하기 전에 전기배선 작업을 하여 배선을 옮기거나 증설하여야 한다. 특히 오븐이나 에어컨 등 전력 소모가 있는 가전제

품을 사용할 예정이라면, 증설하여 전기용량(kw)을 미리 확인해야 한다. 구비서류를 갖추어 신청하면 계약전력 증설 가능 여부를 알아볼 수 있다.

5. 목작업

작업자 인건비 가운데 가장 단가가 높으므로 인건비 비중을 낮추고 싶다면 목작업을 최대로 줄이거나 대체해야 한다. 기계는 손을 이기고 가격을 이긴다. 하지만 오로지 그 현장에만 맞는 고유 사이즈의 물건은 기성 제품으로 대체할 수 없다. 우선 조립식으로 나온 시중의 기성 제품을 활용하고, 필요한 것은 현장에서 조립식으로 시공하는 식으로 목작업 공정을 최소로 단축해 보자.

6. 설비

설비는 건물의 '맥'으로 부를 수 있으며 전기, 배수, 수도, 가스, 온·냉수 등을 원활하게 사용할 수 있도록 하는 시스템이다. 건물 설비는 대부분 매립되어 있어서 관리하기가 쉽지 않으므로 신축이나 리모델링 시 미리 점검하여 재설치 하는 것도 고려해 보자.

7. 미장

벽이나 천장, 바닥 면에 흙, 회반죽, 시멘트, 모르타르(mortar)류를 바르는 일이다. 타일 등의 자재를 붙이기에 면이 좋지 않거나, 평평하지 않은 면을 고를 때, 면을 메꿀 때 필요하다. 건물 리모델링 공사에서는 노후화 면을 바로잡는 데 비용과 시간이 걸리는 편이다.

8. 페인트

　페인트는 크게 수성과 유성으로 나뉜다. 페인트 작업의 성과는 시공할 면과 프라이머 작업 전 기초 과정으로 결정된다고 해도 과언이 아니다. 그만큼 벽면과 바닥면의 샌딩과 프라이머 작업이 중요하다. 최근에는 타일, 금속, 플라스틱, 벽지 등에도 부착이 잘되고 친환경 소재, 순한 성분의 페인트 종류가 다양하니 용도와 장소에 맞추어 선택해야 한다.

페인트의 종류 ──────────────────────────

구분	종류	특징	사용 부위
프라이머	젯소	페인트 접착력 증대	시트지, 금속 등
수성	아크릴 수지 계열, 에멀전	희석액: 물 냄새: 순함 습기나 오염: 다소 약함 건조시간: 빠름 유지력: 다소 약한 편	실내용 내부 벽면 방문 가구 소품
유성	에나멜, 에폭시, 락카, 우레탄 등	희석액: 신나 냄새: 강함 습기나 오염: 강함 건조시간: 느림 유지력: 강함	실외용 목재 철재 등
기타	스테인 방부목 페인트 (수성/유성 우드스테인)	목재의 염색, 착색용	목재용
	우레탄 방수용	건물 노화, 누수 방지	건물 옥상, 외부 바닥용
	에폭시	하도, (중도), 상도 단계별	건물 주차장, 공장 바닥, 상가 내외부 바닥용

9. 타일

자기질 타일은 바닥용, 도기질 타일은 벽용, 석재 타일은 외부용으로 구분한다.

10. 전기

전열은 콘센트에 연결되는 가전 기구, 전등은 조명을 뜻한다. 노후건물

타일의 종류

구분	종류	특징
세라믹 타일	자기질 타일 (포세린 타일)	표면에 유약 처리를 하지 않아 매트한 느낌. 얼룩이나 오염에 대한 저항력이 높고 밀도가 단단하여 물 흡수율이 낮은 편이다. (바닥/벽체용)
	자기질 타일 (폴리싱 타일)	표면에 유약 처리를 하여 광택이 있다. 얼룩이나 오염에 대한 저항력이 높고 밀도가 단단하다. (바닥/벽체용)
	도기질 타일	약 1,000~1,150℃에서 구운 타일로 자기질에 비해 두껍지만 강도는 약하다. 중량이 적어 주로 벽에 사용한다. 금이 가기 쉬워 바닥재로는 적합하지 않다.
천연 타일	대리석 타일	천연석을 절단해서 만든 타일로 자연스러움이 최고 강점이다. 가격은 높지만 강도는 높지 않다.
	석재 타일	돌 성분이 들어가 있는 자기질 타일로 표면이 거칠어 주로 건물 외장재로 사용한다.
	파벽돌 타일	실제 벽돌을 자르거나 인조로 만든 벽돌 타일로, 마치 벽돌을 쌓아 시공한 듯한 효과가 난다.
	유리 타일	유리 뒷면에 색을 입혀 구운 타일로 조명을 받으면 화려한 효과가 난다. 직사광선에 의한 변색이 없다.
비세라믹 타일		PVC, LVT, 콘크리트 타일, 카펫 타일 등.

의 전기공사에는 안전한 불연성 재질의 전선관을 권장한다. 기존 노후 전기배선을 제거하고 전등, 전열의 효율적인 배선을 위하여 사용자 기호에 맞도록 설계하는 것이 중요하다. 차단기는 장비별로 연결하여 과부하가 생기지 않도록 유의한다.

11 창호공사

창호의 종류 중 노후주택 개선에 가장 자주 사용하는 새시를 보자. 높은 단열성, 기밀성, 방음성, 내부식성을 지니고 있어서 가장 보편적으로 사용한다. 하지만 앤티크(antique) 느낌이나 빈티지 느낌, 특히 한옥 등에는 미관상으로 잘 어울리지 않아서 설치한 다음 불평을 늘어놓는 사례도 있다. 새시의 종류를 선택하는 것도 중요하지만, 실측부터 제작과 설치에 이르기까지 정밀하고 기밀하게 시공하는 것이 무엇보다 중요하다.

시공 시 창호 좌우상하 벽과 맞닿는 부분의 시공에서 정밀함이 요구된다. 노후주택은 현재 건축물의 외벽, 옥상 상태를 먼저 고려한 후 새시 시공 여부를 결정하는 것이 좋다. 노후주택의 문제점은 새시 하나만 교체해서 개선하기에는 한계가 있기 때문이다.

선택 사항 새시 바(BAR)의 선택, 유리 두께(15~22mm)및 종류, 유리 색상, 부속 형태 결정, 시트지 부착 부위(내부 창/외부 창 선택 여부) 및 바 색상 결정

용어 설명

· **하이새시** : PVC창호를 총칭하는 LG화학의 제품의 이름으로 현재는 고유명사처럼 사용된다.

· **시스템 새시** : 창틀과 창 사이의 틈을 최소화하기 위한 기밀성과 단열, 방음에 특수화된 제품이다. 베란다 확장 시 가장 많이 사용된다.

· **단창** : 내부창 1개로 이루어진다. 일반적으로 16mm 복층유리를 장착하고 한 짝으로 이루어진 창호이다. 두께가 얇은 외벽이나 실내용 중문에 사용된다. 발코니 비확장 세대에서 많이 볼 수 있다.

· **이중창** : 내/외부창 2개로 이루어진다, 16mm 복층유리의 단창을 안/밖 두 짝으로 구성한 창호이다. 단창에 비해 단열과 방음효과가 뛰어나며 가격도 비싸다. 발코니 확장 세대에서 바로 외부와 접하는 창에 많이 사용된다.

복층 유리의 종류	**·2중 유리** : 2장의 유리 사이에 공기층이 있는 구조로 열에너지 손실과 소음을 방지한다. 1중 유리에 비해 내/외부 공기의 온도 차에 의한 결로가 적고 열 손실도 적다. **·3중 유리** : 3중유리는 유리 3장과 유리 사이에 공기층 2개를 조합하여 열에너지 손실을 최소화한 구조이다. 2중 유리에 비해 단열성능 30%, 차음 15% 이상 향상되는 효과가 있으며, 내/외부 공기의 온도차에 의한 결로방지 효과도 우수한 편이다. 진공복층 3중유리는 2장의 유리 사이를 진공상태로 만들어서 일반3중 유리보다 기능을 더 강화했다.

12. 도배

도배지는 합지, 실크벽지, 뮤럴벽지, 방염벽지, 특수벽지 등으로 나눈다.

합지(93cm x 17.75m)는 종이 소재라서 도배 종류 중 인체에 가장 무해하다. PVC 코팅 처리를 하지 않아서 가격이 저렴하지만 습기에 약하고 변색이 잘되는 단점이 있다. 벽체 면에 바로 시공하므로 벽체 면이 평평하지 않으면 그대로 표시가 난다.

실크벽지(106cm x 15.6m)는 PVC코팅이 되어 있어 내구성이 좋고 습기에 강하며 변색이 적지만, 이음매 맞춤 시공을 해야 하므로 인건비가 합지보다 비싸다.

용어 설명
- **합지** : 소폭합지, 광폭합지, 발포벽지, 엠보벽지
- **실크벽지** : 염화비닐, 비닐 레자 등
- **뮤럴벽지** : 그림벽지, 실사벽지
- **방염벽지** : 소방법상 방염처리 요하는 벽에 사용
- **특수벽지** : 질석, 나무, 한지, 섬유, 레자, 코르크 등의 특수소재
- **도배평수 구하기** : 전용면적 × 3.5 = 도배면적

13. 바닥

노후된 건물, 특히 주거용 건물에서 가장 큰 문제는 누수가 발행하여 바닥을 전체 철거해야 하는 경우가 생기는 일이다. 기존의 바닥마감재를 떼어내고 난방문제를 점검후 재시공할때는 향후 발생할수 있는 수리 상황까지 고려하여 바닥재를 선정하는 것이 좋다. 상업시설이나 어린이 시설에는 용도에 맞춰서 유지관리, 안전성 등에 유의하여 바닥재를 결정한다.

바닥재의 종류 ────────────────────────────

종류	종류	특징	사용부위
건식	마루 장판 데코타일	• 원목마루/온돌마루/강화마루/강마루 • 장판: 저렴한 가격과 충격흡수, 시공편의성(2.2~5T) • 데코타일: PVC 소재로 상업공간용으로 활용	실내용
습식	타일 석재 에폭시 등	• 타일: 바닥용으로는 자기질 타일을 사용하며 난방용바닥에서 열효율이 좋다 • 석재/대리석: 내구성이 좋고 수명이 길지만 철거시 비용과 시간 등이 든다. • 에폭시: 상업공간에서 활용.	실내/실외용
기타	카펫 타일	롤카펫/조각카펫 : 미끄럼, 소음방지, 보온성은 장점이지만 오염이 쉽고 유지관리가 어렵다.	독서실, 도서관, 어린이 시설
	도장	우레탄 : 탄성이 있으므로 외부 옥상 방수용(노출/비노출)로 사용함.	옥상(외부용)
	에폭시	상업용, 공장 등의 바닥 방진용으로 사용, 자외선에 지속 노출시 하자가 발생할수 있다.	내부용

14. 가구

　모든 가구는 실제 공간 사이즈에 맞춰야 적절하고 활용도가 높다. 실측(실제 사이즈를 재는 것)을 토대로 가구를 제작한다면, 설비(전기, 수도 위치) 계획을 미리 하여 가구 시공 전후로 마감과 디자인의 품질을 높일 수 있도록 한다.

15. 조명

　전기배선을 매립할 때 등기구 무게를 고려해야 한다. 필요하다면 천장 등에 보강작업을 하여 안전사고를 미리 예방하는 것이 좋다.

자재와 업체, 어떻게 선정하면 가장 좋을까?

　건축과 인테리어에 적용되는 마감재가 궁금하다면 직접 자재 거리로 찾아 나서 보자. 타일이나 도배 등의 자재를 판매하는 을지로는 매장에서 작업자를 연결해주는 경우도 있으니, 자재와 작업자를 각각 쓰는 직영공사를 원하는 경우 활용할 수 있다.

1. 을지로 자재 거리

　을지로 3가와 4가 사이에 있으며 타일, 도기, 조명, 금속, 아크릴, 벽지, 필름, 가구, 바닥재, 목자재 등을 업계 관계자나 일반 소비자에게 판매한다.

· 방산시장 : 벽지와 바닥재 샘플을 볼 수 있다.
· 광장시장 청계천 라인 : 건축, 인테리어 관련 공구나 부자재 등을 구매할 수 있다.

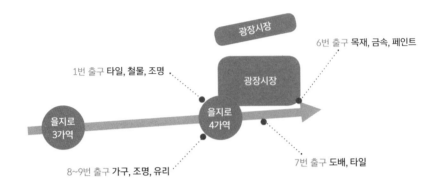

2. 논현동 가구 & 자재 거리

가구점으로 유명한 논현동 가구거리는 논현역~학동역 인근에 집중되어 있으며, 욕실용품과 타일, 철물, 몰딩, 바닥 전문 상점 등이 있다. 소파나 침대 매트리스류는 직접 매장을 방문하여 체험 후 구입하는 것이 좋다.

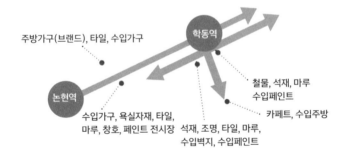

3. 방배동 가구 거리

이수역 1번 출구 방향으로 직진하다 보면 국내 브랜드 가구 전시장과 업무용 가구점이 보인다. 예전에 비해 활발하진 않지만, 업무용 가구를 팔거나 중고 업무용 가구를 구입할 때 이용하면 합리적인 구매가 가능하다.

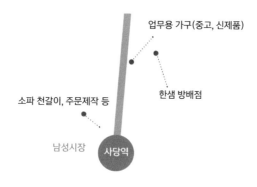

업무용 가구(중고, 신제품)

한샘 방배점

소파 천갈이, 주문제작 등

남성시장   사당역

4. 이태원 앤티크(antique) 가구 및 소품 거리

이태원은 관광특구로 외국인과 글로벌 문화가 존재하는 곳이다. 이태원역 4번 출구에서 아래쪽으로 내려가면 이색적인 소품집이 나온다. 도시가 발달할수록 과거의 향수가 그리운 법이다. 고풍스러운 소품과 가구, 조명까지 다양하게 볼 수 있고 택배나 배송도 가능하다.

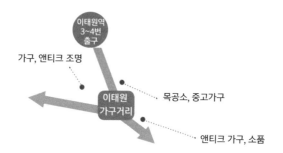

이태원역 3~4번 출구

가구, 앤티크 조명

목공소, 중고가구

이태원 가구거리

앤티크 가구, 소품

5. 홍대 가구 공방 거리

홍익대학교 정문 쪽에서 창전동 삼거리 방면으로 미대 입시학원과 액자 맞춤, 수제가구 공방이 집중되어 있다. 원하는 사이즈와 그림을 가져가면 즉석에서 원목의 종류와 디자인에 관한 상담을 받을 수 있고, 원하는 수제가구를 제작할 수 있다.

홍대
입구역

창천동 삼거리

수제가구공방

산울림소극장

6. 분당 자재 골목(소규모)

분당 정자동 74번지 인근, 수입 페인트 매장 던에드워드, 벤자민무어 주변에는 소규모 조명, 타일, 철물점이 있어서 분당·판교 인근 지역 주민들이 이용하기에 좋다.

7. 고속터미널 소품거리

서울시 서초구 반포 고속터미널 경부선 건물 2~3층과 지하상가에는 전국으로 납품되는 인테리어 소품들이 가득하다.

- 고속터미널 지하 : 인테리어 소품, 생화, 조화 등
- 고속터미널 2층 : 커튼 등의 홈패션, 침구류 등
- 고속터미널 3층 : 인테리어 소품, 생화&조화 도매

8. 이케아

가구계의 유니클로, 이케아(IKEA)는 가볍게 설치할 수 있는 조립식 가구부터 다양한 소품까지 저렴한 가격대로 만날 수 있는 매장이다. 제품을 테마별로 구성하여 방(일종의 쇼룸)을 꾸며놨기 때문에 가구가 실제 설치되었을 때의 공간감을 확인할 수 있다.

간편해진 내부용 리모델링 자재

◆

일반인이 목재나 금속, 시멘트 등을 철거 또는 컷팅을 하기에는 어려운 부분이 많았다. 장비를 갖춘 작업자는 일일 인건비가 비싸서 시공금액에서 인건비가 차지하는 부분이 70%를 넘을 정도이다. 셀프공사의 장점은 재료를 스스로 다양하게 선택할 수 있고, 인건비를 절감할 수 있다는 것이다. 단, 마감의 질은 개인별로 차이가 나고 시간이 많이 소비되는 단점이 있다. 철거나 이주를 앞둔 주택은 공사의 범위를 어디까지 정해야 할지 난감할 것이다. 어느 정도 비용을 들여서 전·월세 비용을 올릴지, 간단하고 부분적인 수리로 이주 시까지 버틸지 선택해야 한다. 이때 셀프공사를 고려할 수 있다. 최근에는 셀프로 시공하기 좋은 리모델링 자재들이 많이 나오고 있어 선택의 폭이 넓어졌다.

일반적으로 물공사(습식공사)를 해야 하거나 컷팅이 어려웠던 자재를 대체하여 시공이 간편한 제품들이 나오고 있다(좌). 재개발이나 재건축을 앞둔 주택이라면 부분적인 보수를 권한다. 기존의 자재를 철거하지 않고 덧붙이는 것도 방법이다(우).

23

비용 대비 효과가 좋은
리모델링 항목은 무엇일까?

리모델링은 신축공사 대비 투입비용을 예측하고 계획하는 것이 중요하다. 전부 고치는 것이 아니라 투입금액 대비 극대화된 효과를 내야하기 때문이다. 그러므로 기능적으로 개선되어야 하는 항목부터 우선적으로 손대야 한다.

· 주택 : 단열공사, 화장실, 싱크대 교체, 배관 교체, 조명 교체
· 건물 : 1층 외관 공사, 사인 공사, 캐노피 공사, 조명 공사

특히 단열시공은 노후주택의 수명을 연장하는 효과가 있다. 빌라나 연립주택, 사이드에 위치한 아파트 등의 벽체나 천장에 내외부 단열재를 시공하면 실내온도가 2℃ 정도 상승한다.

노후주택의 수명을 연장시키는 단열시공

1층 주 출입구 부분을 부분적으로 강조　　　　외부용 페인트로 변신

　　외관 공사 또한 비용 대비 만족할 만한 효과를 볼 수 있는 항목이다. 노후된 건물은 곳곳에 금(크랙)이 가거나 외벽 마감이 떨어져 나가는 등의 문제점, 노후배관, 옥상누수, 지하누수, 공조, 단열 등의 문제점이 나타나기 마련이다. 임대한 상태에서의 리모델링은 임차인들에게 영업 피해를 줄 수 있으므로 반드시 협의가 필요하다. 인접한 주변 건물의 사용자들과도 협의 및 동의가 필요하다. 리모델링 외관 공사는 시공이 간편하면서 향후 폐기물 처리가 쉽고 재사용이 가능한 자재를 활용한다면 금상첨화다. 최근 외관 리모델링으로 인기 있는 자재는 징크 패널, 스타코 마감, 특수 페인트 등이다.

(위부터 순서대로) 스타코, 징크, 렉산, 목재

재건축 투자로 월세 수익까지

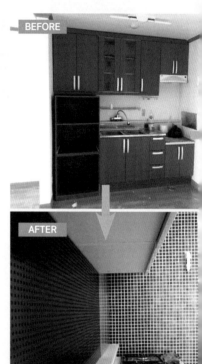

세 번째로 소개할 사례는 노원구의 재건축 예정지역 아파트이다. 1988년에 지어진 15층짜리 아파트 15층을 2억 1,900만 원에 매입하였고, 1년 5개월 만에 3억 2,000만 원으로 시세가 올랐다. 이 사례의 경우 월세도 매달 60만 원(보증금 2,000만 원)을 받아 월 이자 40만 원을 내고도 월세 수익 20만 원이 남았다.

이처럼 월세 수익과 매매 차익을 모두 달성하기 위해 들인 리모델링 비용은 단 500만 원이다. 전체적으로 도배, 페인트, 바닥 시공을 했으며, 재건축이 예정되어 있어서 타일은 기존 벽면에 부착하는 등의 건식 시공으로 공정을 간소화했다.

상세내용

- 층수 : 15/15층
- 매입 : 2억 1,900만 원 (2015년 5월)
- 현 시세 : 8억 5,000만 원 (2022년 3월)
- 수리비 : 500만 원 (2015년)
- 월세 : 보증금 2,00만 / 월 60만
- 대출 : 1억 5,700만 원 / 월 이자 40만 원 (금리 3.08%)
- 자기자본금 : 5,000만 원
- 월 수익 : 20만 원

AFTER

주방 벽을 철거하지 않고도 충분히 분위기를 바꿀 수 있다. 재건축 등 개발 지역이라면 타일 등 번거로운 공사 대신 부착이나 조립식 등 건식 시공을 하면 비용과 시간 단축이 가능하다.

'나' 혼자가 아닌 '우리'까지 생각하는 주거환경

앞으로 모든 주택은 리모델링을 염두에 두고 계획할 필요가 있다. 주택 내부 벽체를 가변형으로 설계하거나 각종 설비를 콘크리트 내부에 묻지 않고, 보수나 수리가 용이한 방향으로 설치해야 한다. 현재 매몰된 설비 파이프는 각종 누수나 결로의 원인이며 그 원인을 찾아내기조차 어렵다.

건물의 내외부는 향후 변해가는 국내 기온 변화에 맞추어 단열을 조절할수 있는 구조로 설계되어야 할 것이다. 이렇게 하면 모든 것을 부수고 철거하여 새로 짓는 사이클을 줄이고 사회적인 비용을 낮출 수 있다.

지금까지 우리의 부동산이 '나'만을 위한 집, 아파트를 공급하는 데 주안점을 두었다면, 이제는 함께 살아갈 수 있는 '우리 동네'라는 관점에서 부동산을 바라볼 필요가 있다.

시도의 지원사업이 있다면 철저히 실제 노후주택을 개선하는 데 쓰여서 주거환경이 나아지도록 시민들이 관찰하고 함께 연구해야 한다. 이것이 앞으로 우리나라 주거를 다함께 만들어 가는 일이다. 노후주택 문제는 시민이 매일매일 겪는 일상이다. 시민이 나서야 한다.

PART

4

모르면 손해 보는 관리 방법과 비용문제

24

주택 관리와 운용

앞으로 주택시장은 극심한 양극화가 예상된다. 교통이 편리하고 교통 이용률이 높은 지역은 지금보다 더 개발돼 활용 가치가 높아질 것이고, 그렇지 않은 지역은 슬럼화될 가능성이 크다. 2040년이 되면 건축된 지 30년 이상 된 노후주택이 전체 주택의 50%를 차지하고, 아파트는 현재의 89%가 재건축 연한 대상이 될 전망이다.

이와 동시에 아파트의 노후 시기가 도래한다면 재개발·재건축 사업은 추진이 되는 지역, 해제되는 지역, 추진이 부진한 지역으로 나뉠 것이다. 재개발·재건축 사업은 사업성과 개발 가능성이 있는 지역 위주로 추진되어 주거 환경 양극화가 초래될 수 있다. 노후주택이 밀집한 지역이 사회적·경제적으로 고립된다면 결국 슬럼화되어 또 다른 사회문제로 이어질 수 있다.

주거지 노후화를 방지하고 작금의 노후주택 문제를 해결하기 위해서는 인구 변화, 가구 수 변화에 따른 저층 주거지 관리가 매우 중요하다. 보유한 집을 관리하고 보수하는 것은 우리 집의 가치를 높이는 일인 동시에 사회적·국가적으로도 당면한 과제이다.

우리나라의 주택 임대사업은 임대사업자로 등록하지 않고 임대사업을 하는 개인 임대인 비중이 높은 점이 특징이다. 이처럼 우리나라의 임대주택은 비제도권 민간 임대주택이 전체 임대주택의 82.4%에 달한다.

일본은 민간이 임대사업을 하는 경우 상속증여세 감면 제도를 운용하고 있으며, 토지에 부과되는 고정자산세와 도시계획세를 임대주택을 포함한 주택용인 경우 경감해 주고 있다.

미국과 프랑스도 임대사업에 대한 세제 혜택이 있다. 임대사업에 대한 손실을 다른 소득과 합산하여 상쇄해 주는 네거티브 기어링(negative gearing) 제도를 운용하고 있다. 임대 투자에 따른 손실을 줄일 수 있고 민간 임대주택의 공공성도 높일 수 있다.

유럽은 상대적으로 공공임대 비중이 높고, 민간이 보유한 경우 임대관리회사를 통해 운영되어 공공과 민간이 단일 임대주택시장을 형성하고 있다. 개인이 하는 관리는 관리, 보안, 안전에 취약한 한계가 있으며 유지 관리에 애로사항이 많다. 하지만 개인의 임대사업이 생계형인 경우 대기업형 임대회사가 시장을 독점해버리는 상황을 방지하기 위한 제도적 장치가 필요하다.

일본에서 임대관리회사(일본에서는 건설회사가 주류)는 임대인에게 시장임대료의 80-95% 정도를 계약기간 동안 고정적으로 지불하기로 보장하고, 계약 임대료에서 발생하는 마진을 이익으로 가져간다. 일종의 임대관리 방식이지만 장기 약정으로 인한 공실 리스크가 지적되어 왔다.

지속적인 민간 주택임대시장의 자율성과 활성화를 위해서는 다주택자에 대한 중과세 체계 대신에 임대사업자를 중심으로 한 세제로 바꾸거나 선택할 수 있도록 임대관리회사의 다양한 세제 혜택과 함께 유연한 약정기간, 보증방식, 상대적으로 관리가 어려운 비아파트 임대사업에 대한 유지 관리 교육 등이 필요하다.

25

노후주택 관리,
어디를 어떻게 손봐야 할까

　노후주택에서 가장 흔히 나타나는 문제점은 누수, 결로, 곰팡이, 보일러 관리, 화장실 보수, 건물 균열 등이다. 노후주택을 매매 예정이거나 보유 중이라면 다음과 같은 항목을 점검할 필요가 있다.

노후주택의 관리항목

- 내외부 균열 보수
- 전기공사 : 노후된 전기선 정리 및 승압(스위치, 콘센트 신규 증설 등)
- 새시 : 점검 후 교체 또는 수리
- 내력벽 : 철거 불가(비내력벽만 철거 가능)
- 욕실 : 방수공사 필요(욕조 자리의 방수공사는 필수), 배관이나 균열 주의
- 외부와 인접한 벽 : 단열 공사
- 노후 수도 배관 : 점검 후 교체 가능
- 온수 분배기 등의 각종 노후 배관 : 점검 후 교체 또는 배관 청소
- 옥상 : 방수 상태
- 지하 : 누수 점검

누수, 정확한 원인 규명이 필요하다

누수란 물이 새는 것으로, 현재 우리나라의 수도 누수율은 16~20%로 추정된다. 누수의 70~80%는 배관에서 발생하며 그밖에 오폐수 배관, 건물 크랙, 방수하자, 욕조, 결로 현상 등에 의해서도 발생한다.

배관에서 누수되는 지점을 정확히 찾는 것을 누수탐지라 한다. 누수가 의심된다면 누수 전문 업체에 누수탐지를 의뢰해 보자. 수도 계량기를 통해 누수되는 배관으로는 직수, 온수, 난방 배관과 물탱크가 있으며 온수 배관 누수 확률은 75%, 난방 15%, 기타 10% 정도 된다.

온수 배관의 누수 확률이 높은 데는 이유가 있다. 물이 일정 온도로 배관을 통과하는 것이 아니라, 뜨거웠다 차가웠다 하면서 흐르기 때문에 팽창과 수축이 많아서 부식되기 쉬운 것이다. 또한 자재 불량이나 이음쇠 부분이 부식되거나 샐 때도 누수가 발생한다.

누수가 지극히 미세한 경우 누수탐지기를 이용하더라도 외부에서 알아내기란 정말 쉽지 않다. 압력 실험을 하더라도 일시적으로 막혀 압력 손실이 없으면 새지 않는 것으로 오판하기 쉽다.

겨울이 되면 난방 배관이 많이 가열되므로 배관이 팽창하면서 미세하게 물이 새다가, 난방을 많이 가동하지 않는 계절이 되면 배관이 막혀 새지 않는 일이 흔하게 발생한다. 특히 난방 배관 안에는 스케일 녹 찌꺼기가 많이 있어서 미세한 누수의 경우 막혔다 열렸다 하는 증상이 쉽게 나타난다. 그래서 한동안 물이 새지 않다가 다시 새는 일이 발생한다. 일부 업체나 관리실에서는 이런 상황을 결로로 치부하기도 하는데,

누수 탐지

이는 누구에게도 책임이 없는 상황을 만들어서 문제 해결을 피하려는 것이다.

　일반적으로 더운 공기는 위로 올라가고, 차가운 공기는 아래로 내려간다. 차가운 공기는 에너지가 적어서 밀도가 높아져 주위의 공기보다 무겁기 때문이다. 온도 차가 크고 환기가 잘 안 되다 보면 결로가 발생할 수 있는 환경이 조성된다. 결로와 누수는 그 원인이 완전히 다르다. 누수일 수 있는데 검사조차 해보지 않고 결로로 단정해 잘못된 조치를 하는 사례가 빈번하다. 정확한 진단을 통해 대처하는 것이 필요하다.

주로 겨울철에 발생하는 결로

　결로는 내부와 외부의 온도 차이로 인해 발생한다. 즉 공기 중의 수증기가 차가운 물체에 닿아 발생하는 물방울 맺힘 현상을 말한다. 대개는 겨울철에 발생하며, 외벽 보온 처리, 통풍, 기온 변화와 관련이 있다. 외부로는 대개 물방울 맺힘, 벽이나 천장이 젖는 현상이 나타나며, 내외부의 누수가 있거나 환기, 온도, 습도 차이가 급격할수록 심해진다.

　만약 집안에 이슬점(대기 온도가 낮아져서 수증기가 응결하기 시작할 때의 온도)보다 낮은 온도의 물체가 있으면 그 부분에 결로가 발생한다. 이슬점은 온도 및 습도의 영향에 따라서 다르다. 일반적인 실내온도 23~26℃에서 습도가 40~50% 정도에 이르면, 12~13℃ 이하의 창문이나 벽에 결로가 생긴다. 결로 현상은 노후된 아파트뿐만

내외부 온도 차이로 인한 결로

아니라 새로 분양받은 아파트에서도 종종 발생한다. 이런 경우 결로가 시공사의 하자인지 입주자의 관리 소홀인지에 대한 의견이 분분하며, 결로가 심각한 경우 하자 여부를 따지는 분쟁으로 이어지기도 한다.

가스보일러, 어떻게 관리하면 좋을까

가스보일러는 시공 높이에 따라 상향식과 하향식으로 구분된다. 하향식은 보일러 위치가 집 방바닥보다 높은 곳에 있는 것이며(일반적인 아파트나 빌라에 설치), 상향식은 보일러 위치가 집 방바닥보다 낮은 곳에 있다.(비추천). 보일러 수명은 일반적으로 10년 정도이며, 콘덴싱 보일러가 일반형에 비해 열효율이 좋아서 연료비가 적게 든다. 보일러 용량은 실내 면적과 비례한다. 보일러를 효율적으로 잘 사용하기 위해서는 다음과 같은 사항들을 기억해 두는 것이 좋다.

- 보일러 기계가 있는 바닥에 물이 흘러 있다면 보일러에서 물이 새고 있는 것이다.
- 보일러 배관에는 물이 차 있으므로 얼지 않도록 2~3중의 보온을 하는 것이 좋다.
- 보일러의 수명은 10년 정도, 7~8년이 지난 보일러는 평소에 점검하면 좋다.
- 보일러를 처음 가동할 때 모터 소리가 안 나면 순환모터 이상이니 점검받자.
- 보일러에 공기가 차 있으면, 빼주어야 한다.
- 2020년 8월부터 가스보일러 설치 시 일산화탄소 경보기 부착
- 탐지부와 수신부 일체형이면 천장에서 30cm 이내 설치
- 탐지부와 수신부 분리형이면 탐지는 천장 30cm 이내 설치,
  수신부 조작부는 80~150cm 내 설치

주의해야 할 증상들

보일러를 많이 사용하는 계절이면 노후한 보일러에 이상은 없는지, 이 대로 써도 되는 것인지 궁금해지곤 한다. 만약 다음과 같은 상황이면 배관을 청소하고 점검받을 필요가 있다.

- 작동 시간 대비 보일러 성능이 좋지 않고, 가스비가 평소보다 많이 나오는 경우
- 보일러가 잘 운행되고 있는데도 난방이 잘 안 되는 경우
- 방의 한 군데라도 따뜻함이 전달되지 않는 경우
- 보일러 운행이 안 되는 경우

여름철에도 보일러 관리는 필요하다

비가 오거나 습도가 높은 날, 한 번씩 보일러를 가동하여 집 내부 습도가 적정 수준으로 유지되도록 하자. 여름철 잘 사용하지 않는 보일러를 가동하면 보일러의 부식이나 순환펌프 고장을 미리 예방할 수 있다. 장마철에

는 보일러의 전원을 차단하고, 보일러 컨트롤 박스에` 물이 닿지 않도록 관리한다. 또한 보일러 배기관에 빗물이 들어가지 않도록 점검해야 한다.

노후되어 갈라진 외부 벽면
(위는 콘크리트, 아래는 벽돌조)

외벽 노후

집이 노후하면 외벽이 갈라져 틈새(크랙)가 생긴다. 틈새 사이로 수분이 침투하면 건물 안전성에도 문제가 생길 수 있다. 노후한

외벽 보수 방법은 크게 그라우팅 공법과 인젝션 공법으로 나뉜다. 그라우팅 공법은 균열부에 에폭시를 주입하여 단단하게 경화시킨 후에 핸드 그라인더로 깔끔하게 면 처리하는 것이다. 인젝션 공법은 균열부에 발포우레탄지수제를 주입한 후에 신축성이 있는 탄성퍼티제로 마감하는 방식이다.

외벽만 바꿔도 건물의 이미지가 달라진다

건물 외벽은 외부 환경으로부터 내부를 보호하는 동시에, 건물 전체 이미지를 대변하는 역할도 한다. 건물의 크기나 구조에 따라 다르겠지만, 지어진 지 10년 정도 되면 건물 곳곳에서 관리상의 문제점이 발견될 수 있다. 특히 외벽은 건물 누수로 인해 손상이 진행되어 외부 면에 시커멓게 자국이 남기도 하고, 심하면 건물 내부까지 손상되는 결과를 낳는다.

1970~1980년대 사이에 만들어진 공동주택은 대부분 벽돌로 마감되어 있다. 벽돌은 가격 대비 성능이 좋고, 표면상 하자가 발생해도 그리 표시가 나지 않으며, 단가 및 유지 보수 비용이 낮아서 그 당시에 즐겨 사용하는 마감재였다. 하지만 30년 정도 지나면서 여러 가지 문제가 발생하고 있는데, 곰팡이나 이끼가 끼는 현상, 백화현상, 크랙 등이 그것이다.

이러한 현상의 원인으로는 건물 자체의 누수, 외부 요인, 건축상의 문제 등이

단열 기능을 더한 외부 판넬 제품이 나오고 있다

유럽의 리모델링 사례 : 외부용 페인트만으로 유머와 재치가 묻어나는 건축 예술을 보여준다

있다. 표면상의 하자만 제거한다면 일시적인 미봉책에 그칠 수밖에 없다. 결국 다시 하자가 발생할 것이다. 따라서 근본적인 원인을 찾아서 문제를 해결한 뒤 외벽을 리모델링해야 한다.

예를 들면 앞서 소개한 공법들을 이용해 외벽의 크랙을 보수하고 페인트칠을 하거나, 기존 외벽 면에 단열 베이스와 방수 자재(외부 면에 노출되는 부분)를 덧붙여 단열 리모델링하는 식이다.

이처럼 외벽을 리모델링하는 방법에는 여러 가지가 있다. 뿌리는 방법, 붙이는 방법, 칠하는 방법, 덧씌우는 방법 등이 있으므로 현장이나 예산, 상황에 따라 적절하게 선택할 수 있어야 한다.

26

내 돈 들이지 않고
수리하는 방법이 있다?!

공동주택의 주요 시설물들, 그리고 노후배관의 경우 비용을 들이지 않고도 보수하는 방법이 있다. 장기수선충당금이나 노후배관 교체 지원사업을 활용하는 것이다.

장기수선충당금이란?

아파트에 거주 중이라면 관리비 납입 명세서에서 '장기수선충당금'이란 항목을 본 적이 있을 것이다. 장기수선충당금은 주택법 제51조에 따라 공동주택의 노후화에 대비하여 주요 시설을 보수하기 위해 적립하는 금액으로, 평소 내는 아파트 관리비에 포함되어 있다.

300세대 이상의 공동주택 또는 중앙집중식 난방이나 지역난방 방식을 사용하거나 엘리베이터가 설치된 공동주택에 해당된다. 공동으로 사용하는 배관과 승강기 등 주요 시설을 수리하거나 교체할 때 사용되며, 일상적인 공사에 사용되는 수선 유지비와는 다르다.

Remodeling Note

장기수선충당금, 누가 내야 할까?

◆

장기수선충당금은 건물을 수리하는 데 사용하는 비용이므로 기본적으로 집주인의 몫이 맞다. 주택법 상에도 그렇게 규정되어 있다. 그러나 편의상 관리비에 포함되어 있다 보니 세입자가 매달 내게 된다. 집주인의 몫을 세입자가 대신 내주는 셈이기 때문에 임대차 계약이 만료되면 집주인은 세입자에게 그간의 장기수선충당금을 반환해야 한다.

장기수선충당금을 사용하기 위해서는 소유주의 50% 이상이 동의해야 한다. 주로 엘리베이터 교체, 외벽 도색 등 건물의 안전성을 높이고 미관을 좋게 하는 사업이 장기수선충당금을 통해 진행된다. 그러나 별도의 추가 비용이 발생하기도 하여 종종 집주인들의 반발을 사기도 한다. 실제로 저소득층이 주로 주거하는 일부 노후 아파트에서는 수억에서 수십억에 달하는 수도관 교체 사업을 진행하지 못해 주민들이 녹물로 고통받고 있다.

우리 아파트에 장기수선충당금이 제대로 적립되고 있는지 궁금하다면 공동주택 관리정보 시스템(k-apt.go.kr)을 활용하자. 관리비 현황, 다른 단지와 아파트 관리비 비교, 유지관리 이력 등도 확인할 수 있다.

노후배관 교체 지원사업

서울시와 경기도 등 일부 지자체에서는 녹슨 상수도관 교체를 위한 공사비를 지원한다. 건물이 노후하면 누수나 녹물, 악취가 발생하거나 물이 시원하게 나오지 않는 경우가 많다. 녹슨 배관에서 나오는 수돗물은 녹물뿐 아니라 그 안에 중금속, 세균, 잔류 염소 등이 있어 건강에도 좋지 않다. 또 임대용이라면 계속되는 하자 때문에 보수비용도 만만치 않게 든다.

1983년 이전에는 아연도강관, 회주철관 등을 주로 시공하였는데, 이를 녹이 잘 발생하지 않는 스테인리스관이나 PB관(플라스틱 소재) 등으로 교체해 주는 사업도 있다. 2020년 이후에는 내용연수(耐用年數, 사용할 수 있는 연수)가 경과된 상수도관(30년 이상)에 대해 노후도 진단평가 실시 후에 정비할 예정이다. 각 지자체에서도 시행하고 있으니 '상수도 지원사업'을 검색하거나 상수도 사업본부 홈페이지에 방문하여 신청 방법을 확인하면 된다.

20년이 넘은 노후 상수도 배관

지원 가능 여부와 지원 가능 금액 등을 알아보고 공사를 시행하면, 주택 내 노후 수도관 교체 공사비의 30~80%를 지원한다.

노후 상수도 배관을 교체한 모습

일단 자기 집 수도관이 아연도강관이나 회주철관이 아닌지 확인하고, 교체 공사를 하기 전에 관할 수도사업소나 시청 상수도과 등에 전화, 인터넷, 방문을 통해 신청하면 된다. 민원이 접수되면 현장조사를 거쳐 조치된다.

지원 금액은 단독주택은 최대 150만 원까지, 다가구주택은 최대 250만 원까지, 아파트 등 공동주택은 세대당 최대 120만 원까지다(지역마다 상이함). 뉴타운·재개발·재건축·리모델링 사업승인 건축물을 제외한 노후주택, 1994년 이전에 지어진 주택 중 아연도강관을 사용 중인 곳이 교체 대상이다.

구분	총계	2016년 이전 추진실적	추진계획				
			소계	2017년	2018년	2019년	2020년
연장(km)	13,649	13,339	310	89	68	68	85
사업비	34,997	31,356	3,641	949	841	841	1,010

정부지원금 받아 전기요금 줄인다

태양광, 태양열, 연료전지, 소형 풍력, 지열 에너지 등의 시설을 주택에 설치하면 설치비 일부를 보조받을 수 있다. 단독주택뿐 아니라 아파트나 빌라, 다세대 등 공동주택도 지원받을 수 있으며, 개별 신청과 마을 단위 신청이 가능하다. 참고로 태양광은 태양전지 모듈을 이용해 직접 전기를 생산 사용하는 것이며, 태양광 주택은 가구당 3kw 이하로 지원한다. 태양열은 태양열 집열기를 설치해 얻은 열을 온수와 난방에 사용하는 것이다. 이산화탄소 저감 효과는 물론이고 전력 및 난방 요금이 감소하여 소유자의 만족도가 매우 높다고 한다.

27

노후주택 관리와
관련하여 궁금한 것들

노후건물 점검은 얼마나 자주 하는 것이 좋을까? 건물 구조 중 가장 튼튼하다고 하는 철근 콘크리트조 건물 수명은 관리에 좌우된다. 설비 교체는 보통 10년마다 한 번씩 하기를 권유한다.

이외에도 '노후주택의 보수'라고 하면 여러 궁금증이 떠오를 것이다. 임대하는 집일 경우 수리 비용은 어떻게 하는 것이 좋으며 어디까지 보수해야 할까? 다른 집의 하자로 인해 손해를 입었다면 어떻게 대처해야 할까? 지금부터 이러한 궁금증을 해소해 보자.

집주인이 알아야 할 수리비

임대주택 유지에 필요한 수리비용을 임대인(집주인)과 임차인(세입자)의 관점에서 알아보겠다. 쉬운 설명을 위해 다음의 두 가지 사례를 생각해 보자.

첫 번째 사례는 보일러가 고장 나서 보일러 수리를 한 경우이다. 두 번째 사례는 기름보일러가 자주 고장 나고 유지관리비가 많이 들어서 가스보일러로 교체한 경우이다.

만약 전세 계약 당시 보수비용에 관한 특약사항을 기재하지 않았다면, 위의 두 가지 경우 집주인에게 수리비를 받을 수 있을까?

정답은 "받을 수 있다"이다. 이와 관련해서는 필요비와 유익비 개념을 이해할 필요가 있다. 필요비란 집을 유지하는 데 필요한 수리비용이며, 유익비란 집의 가치를 높이는 데 도움이 되는 비용을 말한다. 특히 유익비는 집주인의 동의 없이 수리비가 비싸게 나오더라도 다음 임차인을 구할 때 집주인에게 득이 되는 부분이기 때문에 집주인이 수리비를 부담해야 한다.

집의 가치를 올리는 유익비의 경우 시비가 발생할 수 있으므로 계약서에 원상 복구 및 수리에 관한 사항을 명시해 놓아야 한다. 임차인은 수리 전에 집주인 동의를 구한 후 수리 전후 사진을 보관해 놓는 것이 좋다.

집주인이 부담해야 하는 수리비

- 노후도에 의한 도배와 장판 교체(협의 사항)
- 노후도에 의한 창호 교체
- 노후된 보일러의 수리비/재구매비
- 노후된 옵션 가전의 수리비/재구매비(세입자의 부주의로 인한 수리비 제외)

세입자가 부담해야 하는 수리비

- 에어컨 누수나 세입자 과실로 인한 부식

- 반려동물 사육으로 인한 문짝, 기둥, 바닥 스크래치
- 결로 현상의 방치, 관리 소홀로 인한 부식
- 사용자의 관리 소홀로 인한 물품(욕실 액세서리 등) 파손
- 소모품(전구 등) 교체

  * 상호 협의에 따라 조정 가능

전세로 거주 시 수리비용은 누구의 몫일까?

　오래된 주택, 특히 빌라는 노후하면 집 안팎 여기저기에 문제가 발생한다. 이로 인하여 집주인과 세입자 간 분쟁이 생기는 일이 적지 않다. 예를 들어 A라는 사람이 B 소유의 낡은 빌라에 전세로 입주했다고 가정하자. 노후한 집에서 사는 동안 A는 다음과 같은 비용을 지출하거나 지출을 고려하고 있다.

❶ 보일러 고장 : 노후 부품 교체

❷ 변기 물이 샘 : 노후 배관공사

❸ 옵션 가전인 에어컨의 실외기 고장 : 노후로 실외기 교체

❹ 뒷베란다 벽에 발생한 크랙 : 크랙 메꿈 + 기능성 페인트

　임차인의 사용상 부주의로 인하여 고장이 발생하면 발생의 원인자, 즉 임차인이 수리해야 한다. 그러나 노후로 인하여 기본시설에 문제가 생기면, 임대인이 수리해야 한다. 즉, 위의 ❶~❸항의 경우 A는 B에게 청구하여 사용한 비용을 돌려받을 수 있다.

　옵션인 가전제품의 경우 고장을 수리하는 비용이나 사는 비용이 비슷하다면 임대인에게 구매를 요구할 수 있다. 만약 부득이한 이유로 세

입자가 제품을 구매했다면 일단 설치하여 사용했다가 이사할 때 가지고 갈 수 있으나, 고장 난 기존 제품의 철거와 관련해서는 임대인 동의가 필요하다. 임대차 계약에는 원상복구의 의무가 있으므로 세입자는 무조건 임대인의 동의를 구한 후 설치하는 것이 혹시라도 벌어질 수 있는 갈등을 예방하는 길이다.

그렇다면 위 ❹항의 경우는 어떨까? 공동주택 베란다 창문 근처에 벽이 갈라지고 물이 흐른 듯한 흔적과 함께 균열이 보인다면, 어디선가 누수가 발생하여 벽에 스며들고 있다는 증거이다.

이러한 상황에서 누수 원인은 대개 3가지 정도로 압축해 생각할 수 있다. 외벽에 발생한 크랙, 실리콘 갈라짐, 새시의 노출된 구멍이 그것이다. 물이 위에서 아래로 흘러내린 흔적이 있고 외벽에 틈새가 보인다면 외벽 크랙을 메꾸고 방수 처리해야 한다. 또한 새시의 가장자리를 버티고 있는 실리콘이 노후되거나 잘못 시공되어 갈라진 경우에도 물이 침투하는데, 실리콘을 재시공해야 한다. 이상은 노후로 인한 문제이므로 집주인이 수리해야 한다.

그런데 세입자가 통신선을 넣기 위해 새시에 구멍을 냈고, 이 구멍으로 물이 들어가 벽체로 스며들었다면 수리비용은 주택을 관리하고 있는 대상인 세입자가 부담해야 한다.

윗집의 리모델링 공사로 피해를 봤다면

가끔 잘못된 리모델링 공사로 인해 인근 집주인과 세입자 간에 분쟁이 발생하기도 한다. 예를 들어, 전세로 거주하던 세입자가 계약 만기가 되어 이사를 마쳤는데, 임대인이 집에 가보니 화장실 문이 부식되어 교체해야 하는 상황이었다. 세입자에게 전화를 걸어 "관리 소홀로 화장실 문이 부식됐으니 문 교체 비용 50만 원을 달라"고 요구하자, 세입자로부터 "윗집에서 확장공사를 하면서 아래층 화장실에 물이 새고 곰팡이가 펴서 화장실 문이 썩었던 것"이라는 답변을 들었다. 세입자는 관리 소홀로 인한 파손이 아니라고 하고, 집주인은 세입자에게 민사소송까지 검토하는 상황이라면, 이 경우 양측은 어떻게 하는 것이 좋을까?

일단 위층에서 발생한 누수로 인한 것이라면 위층 주택 소유자와 협의하거나, 원만하게 협의되지 않는 경우 손해배상 청구를 해야 한다. 이 경우 세입자는 자신의 과실로 인한 것이 아님을 적절히 입증할 수 있어야 한다.

원상복구의 의무와 범위

—— CHECK POINT ——

임대인과 임차인 간 분쟁이 자주 발생하는 문제 중 하나인 '원상복구'에 관해 잠깐 짚고 넘어가자. 원상복구란 물건을 원래 있는 상태로 돌려놓는 것을 의미한다. 법규상으로 물권적 전세와 임대차 모두 계약이 만료되었을 때 목적물을 원상회복해야 한다고 규정하고 있다. 그러나 임대차나 전세 계약 당시와 100% 같은 상태로 반환해야 한다는 의미는 아니다. 선량한 관리자로서의 주의를 기울이고 용도에 정해진 대로 통상적인 방법으로 사용하다가 반환했을 경우 원상회복의 의무를 다한 것으로 본다. 다만 계약서에 특약이 존재하면 법 조항보다 특약을 우선하여 적용한다는 사실은 기억해 두자. 이는 전세든 월세든 동일하다.

사례 ❶ 주택의 통상적인 사용에 대한 원상복구

아파트에 월세로 거주하면서 벽에 액자를 걸기 위해 못을 2개 정도 박고, 벽에 선반을 달았다. 계약기간이 만료되자 집주인이 원상회복을 요구하며 보증금을 돌려주지 않는다면 이는 정당한 행위일까?

많은 집주인과 세입자가 원상복구의 범위를 궁금해할 것이다. 답은 '통상적인 사용으로 인한 제품의 마모나 손상은 원상복구 범위 안에 들지 않는다'는 것이다. 만약 이와 같은 사례에서 월세 세입자가 계약기간 종료 후 거주했던 주거지에 못을 박은 것에 대해 임대인이 시설 파괴라고 하여 원상회복을 이유로 보증금 전체를 반환해 주지 않는다면 이것은 위법하다.

사례 ❷ 상가의 원상복구

상가 임차인이 임대차계약 종료 후 인테리어 철거(원상회복)를 하는 경우 임대인은 원상회복 비용을 합의하여 보증금에서 공제할 수 있을까? 만약 후속 임차인도 동일한 업종인 경우라면 현재 인테리어 시설은 어떻게 해야 할까?

실제로 원상복구 비용을 보증금에서 공제하는 경우가 있다. 합의한다면 문제는 되지 않는다. 그러나 임차인 입장에서는 임대인이 과도한 금액을 공제할 우려가 있으므로, 보증금은 반환받고 직접 원상복구를 하는 편이 나을 수 있다. 일례로 임차인이 인테리어를 그대로 둔 채 상가를 비운 상황에서, 건물주가 거의 리모델링 수준의 원상회복 공사를 하고 이를 보증금에서 공제하려다 소송이 벌어진 사례가 있었다. 임대인(건물주)은 인테리어만 없애는 것이 아니라 배관과 전기 등 노후 시설까지 수리 후 3,000만 원의 원상회복 비용을 보증금에서 뺐다.

소송 결과 "건물주가 요구한 공사비 3,000만 원보다 적은 1,730만 원만 보증금에서 제하라"는 판결이 내려졌다. 처음 사용할 당시 상태보다 건물이 나빠지더라도, 즉 노후로 인한 문제가 발생하더라도 그대로 반환해도 된다는 내용이다. 원상회복에 건물의 감가상각분은 포함되지 않는다고 본 것이다. 한편 새로 들어오는 임차인이 동종 업종을 운영하여 기존 시설을 이어받는 경우 나가는 임차인은 원상회복의 의무를 지지 않는다.

28

하자로 인한 갈등에
대처하는 방법

평소 부동산 재테크에 관심이 많던 삼십 대 N씨는 얼마 전 노후 빌라 한 채를 구매했다. 지은 지 20년이 지난 낡은 빌라의 반지하층이라는 점이 조금 마음에 걸렸지만, 상대적으로 저렴한 집값과 교통이 좋은 위치 등이 매력으로 작용했다. 계약 전 부동산 중개인으로부터 집 상태에 관해 설명을 들었는데, 큰 하자가 없었기에 매매 후 리모델링을 거쳐 세입자를 받을 생각이었다.

그렇게 계약하고 한 주가 지난 주말, 공사 견적을 낼 겸 집에 가보니 바닥에 온통 물이 흥건한 상태였다. 장판을 들어보니 발밑에 물이 첨벙거릴 정도로 차 있었다. N씨는 누수가 심각하다는 것을 알고 부동산 중개인에게 항의했으나, 중개인은 "계약 전 집을 점검했을 때는 그런 하자가 없었다"며 발뺌하고, 전 주인 역시 누수 탐지와 보수에 드는 비용은 부담할 수 없다는 입장이다.

매도 후에 발견되는 하자, 보수의 책임은 누구에게 있을까?

결론부터 말하자면, 부동산 매매 계약 이후 건물의 하자가 발견되었을 경우, 6개월 동안은 전주인(매도인)의 책임이다. 이는 민법에 명시된 부분으로 부동산 중개업자에게도 책임이 있을 수 있다. 부동산 중개 시 대상물확인서를 작성하여 매도인과 매수인에게 대상물의 정확한 정보와 상태를 알려줘야 할 의무가 있기 때문이다. 하지만 이와 반대로 계약을 체결하는 날 대상물을 직접 확인하고 계약서 조항에 '현 시설에서의 매매계약임'에 동의했음을 매도자가 팽팽하게 주장하기도 한다.

대상물 확인서에는 주변 소음, 주변 유해시설, 소방시설, 부동산 하자 부분, 누수, 결로, 크랙 등 등을 명시하여 서류화하고 매도인과 매수인에게 확인시켜 줘야 한다. 물론 하자보수의 원인을 밝히는 것도 해결 방법이 될 수 있다. 또한 매도인의 악의에 의하거나 매수인의 과실 없이 거주 중 발견한 하자에 대해서도 6개월 내에 하자보수를 해주도록 규정하고 있다.

건축분쟁조정위원회

건축 공사를 진행하거나 완료 후, 예기치 않은 분쟁으로 인근 주민과 갈등에 휩싸이는 경우가 많다. 감정이 상한 양쪽이 맞서면 사소한 문제도 풀리지 않는 경우가 잦다. 행정심판이나 민사소송 등의 방법이 있지만 시간과 경비 등의 손실이 있으므로 되도록 당사자 간에 합의 해결하는 방법을 권한다. 이러한 건축 분쟁은 건축분쟁조정위원회를 통해 해결해 보자. 건축분쟁조정위원회는 시, 군, 구와 특별시, 광역시, 도에 각각 설치되어 있다. 이 위원회가 조정 등을 하는 분쟁의 종류는 다음과 같다. 근거법은 건축법이다.

- 건축 관계자와 해당 건축물의 건축 등으로 피해를 본 인근 주민 간의 분쟁
- 관계 전문기술자와 인근 주민 간의 분쟁
- 건축 관계자와 관계 전문기술자 간의 분쟁
- 건축 관계자 간의 분쟁
- 인근 주민 간의 분쟁
- 관계 전문기술자 간의 분쟁

　건축물의 건축 등과 관련된 분쟁·조정·재정을 신청하고자 하는 사람은 서명이나 날인한 분쟁조정 등의 내용을 신청서, 참고자료, 서류를 첨부하여 건축법에 따르는 관할 건축분쟁 전문위원회에 제출한다. 이때 조정신청은 해당 사건 당사자 중 1명 이상이 해야 하며, 재정신청은 해당 사건 당사자 간 합의로 진행한다. 당사자의 조정신청을 받고 90일 내에 재정신청을 받게 되면 180일 내에 절차를 마쳐야 하고, 부득이한 사정이 있을 시 건축분쟁 전문위원회 의결로 기간 연장이 가능하다.

　만약 분쟁의 성질상 건축분쟁 전문위원회에서 조정 등을 하는 것이 맞지 않는다고 인정이 되거나 부정한 목적의 신청으로 인정되면 조정 등을 거부할 수 있는데, 이런 경우 조정 등의 거부 사유를 신청인에게 알려야 한다. 또한 신청된 사건처리 절차가 진행되는 도중 한쪽 당사자가 소를 제기했다면, 조정 등의 처리를 중지하고 당사자에게 알려주어야 한다. 그러나 특별한 사유가 없으면 조정 등의 신청이 있다는 이유로 해당 공사를 중지하게 할 수는 없다.

공동주택이라면 하자보수보증예치금 제도를 알아보자

2009년~2010년 분양 열기가 뜨거웠던 신도시 신규 아파트에 입주한 입주자들이 철근이 설계만큼 들어가 있지 않아서 분노했던 사건이 있었다. 입주민들은 입주를 거부하며 부실공사에 대한 소송을 벌였는데, 그 일대 신도시를 중심으로 발생한 소송과 민원이 70건을 넘을 정도였다. 하청업체 직원의 폭로가 아니었다면 벽 속에 들어가는 철근을 외부에서 알아차리기란 어려운 일이다.

빌라의 사례를 살펴보자. 30년이 넘은 낡은 빌라에 거주하던 H씨는 이웃들과 협의를 통해 시공사를 선정하여 기존 건물을 허물고 '미니 재건축'을 통해 빌라를 신축했다. 그런데 1년이 채 지나지 않아 벽체와 천장에서 누수가 발생했다.

이런 경우 하자보수보증예치금을 활용할 수 있다. 하자보수보증예치금 제도란, 건축주나 시공자가 대지 가격을 제외한 총공사비의 3%에 해당하는 금액을 금융기관에 예치함으로써 준공 후 발생할 수 있는 하자에 대한 책임을 지도록 하는 것이다. 입주민들이 건물 하자에 대한 보수를 요청하면, 건축주는 예치금을 빼 보수금으로 제공할 의무를 진다.

문제는 시공자나 건축주가 입주민들의 연락을 고의로 피하는 일이 종종 발생한다는 것이다. 사용검사일로부터 기간이 경과할 때마다 예치금이 시공자나 건축주에게 일정 비율씩 반환되기 때문이다.

이처럼 연락이 되지 않을 때는 입주자 대표회의를 구성해 과반의 동의를 얻으면 하자보수보증금이 예치된 금융기관을 통해 보상받을 수 있다. 단, 공동주택의 공실률이 50%가 넘으면 전체 가구의 과반 동의를 얻기 어려우므로 이때는 사실상 건축주에게 민사소송을 제기하는 수밖에 없다.

Remodeling Note

하자보수보증보험 청구방식 변경

◆

2016년 9월 1일부터 서울보증보험 청구방식이 변경되었다.

1. 서울보증보험청구 시 "반드시" 건축주 합의서를 첨부해야 한다.

2. 건축주 합의서가 첨부되지 않을 경우 서울보증보험에 신청할 수 없다.

3. 각각의 세대 입주민들이 국토부 하자심사분쟁조정위원회에 제소해서 처리해야 한다.

4. 입주민이 제소하면 건축주는 10일 이내에 답변서를 제출해야 하고 미제출 시 500만 원의 과태료가 부과된다. 하자판정 후 30~60일 안에 하자보수 및 하자보수계획서를 제출해야 한다.

5. 하자보수 불이행 시 지자체에서 각 세대당 최고 1,000만 원 / 공용부는 공정별로 최대 1,000만 원의 과태료가 부과한다.

만약 직접 공사를 한다면 물증 확보를 위해 공사 전·중·후 시공 과정에 대해 사진을 남기면 도움이 된다. 결로 보수공사를 위해 외부 숙박을 해야 한다면 숙박비(모텔비 기준), 이삿짐 보관료, 청소비, 가구 등 피해 보상비를 배상받을 수 있다. 또한 빌라 입주자대표회의를 통해 빌라 전반에 대한 하자 진단을 받고 그 결과를 근거로 건축주 등에 하자보수를 요구할 수 있다. 일반적으로 눈에 띄는 종류의 하자는 20~30%에 불과한 데 반해, 하자보수를 할 수 없는 눈에 보이지 않는 하자, 즉 미시공, 변경시공 등 부실시공, 관련 법규 위반, 설계도와 상이, 모델하우스·분양 카탈로그와 상이 등의 하자가 70~80% 정도 된다.

이러한 하자는 일반인들이 발견하기 쉽지 않고, 대부분 손해배상금으로 인정되어 각 세대에 지급되므로, 직접적인 원인을 밝히기 위해서는 하자진단 전문업체의 도움이 필요하다. 하자진단 업체의 전문적인 진단과 법률대리인의 도움을 통해 제대로 하자 항목을 발췌하여 건축주 등에게 하자보수를 요구해야 한다.

만약 하자담보 기간이 지난 후 매매하면 매도인으로서 하자보수책임도 발생하므로 세대 내의 하자를 자비로 모두 보수해 줘야 한다. 사용검사일로부터 5년이 지나게 되면 시공사는 법적으로 하자보수책임이 면제된다. 되도록 5년 이내에 하자 진단을 받고, 원만한 해결이 힘든 경우 바로 하자 소송을 진행하는 것이 좋다.

통상 3년이 지나면 입주민의 사용상 과실로 인한 훼손이 인정되어 연차별로 감액이 된다. 따라서 판결 시에 하자보수금 및 손해배상금에서 20~40% 이상 감액되어 입주민들에게 불리하게 된다. 결과적으로 하자담보 책임기간 내에 제대로 하자보수를 받는 것이 입주민들에게 가장 유리하다.

임대차 분쟁조정위원회

전세로 집을 구하고 이사한 A씨는 넓어진 주거 공간과 자녀들의 통학시간이 줄어든 점 등이 마음에 들었다. 그런데 언제부터인가 화장실 천장에서 물이 새는 것을 확인하고 집주인에게 수리를 요구했다. 하지

.... Remodeling Note ....

주택임대차분쟁조정위원회
www.hldcc.or.kr

◆

주택임대차분쟁 조정사례집

2021년 12월 법무부에서 발행한 임대차분쟁 사례집이다.
법무부(www.moj.go.kr) 통합검색창에서 '주택임대차분쟁 조정사례집'으로
검색히여 PDF 문서를 다운받을 수 있다.
네이버나 구글 등의 포털에서도 검색하여 사례집을 다운받을 수 있다.

만 집주인은 전세 계약 당시 그런 일이 없었다고 하면서 수리를 해주지 않았고, 집주인과 감정의 골은 깊어졌다.

2017년 5월 30일부터 신청 후 심의·조정이 되면 집행력 있는 집행권원과 같은 '주택임대차 분쟁조정위원회'가 운영을 시작하였다. 변호사, 공인중개사, 법무사, 공인회계사, 교수, 감정평가사 등 총 10명으로 구성된 주택임대차 분쟁조정위원회가 법제화됨에 따라 기존에 공무원 중심이던 간이 분쟁 조정이 외부 전문가 중심의 정식 분쟁조정으로 바뀌게 되었다.

또한 이전에는 분쟁조정 당사자가 서명한 조정조서가 민법상 화해 효력에 그쳤으나, 2017년 5월 30일 개정된 주택임대차보호법에 따라 위원회를 설치하였다. 이때부터 분쟁 신청 후 조정이 되면, 조정조서는 집행력 있는 집행권원과 같은 효력을 지니게 되었다. 서울, 대구, 수원, 대전, 부산, 광주 등 6곳에 주택임대차 분쟁조정위원회가 설치 운영되고 있다. 임대차 분쟁조정위원회는 세입자와 집주인 간 보증금 증감 문제, 임대차 기간 문제, 보증금이나 임차 주택 반환, 하자 수선 문제 등의 분쟁을 조정한다. 조정위원회가 심의·조정하는 사항은 다음과 같다.

- 차임 또는 보증금의 증감에 관한 분쟁
- 임대차 기간에 관한 분쟁
- 보증금 또는 임차주택의 반환에 관한 분쟁
- 임차주택의 유지·수선 의무에 관한 분쟁
- 임대차계약의 이행 및 임대차계약 내용의 해석에 관한 분쟁
- 임대차계약 갱신 및 종료에 관한 분쟁
- 임대차계약의 불이행 등에 따른 손해배상청구에 관한 분쟁
- 공인중개사 보수 등 비용 부담에 관한 분쟁

- 주택임대차표준계약서 사용에 관한 분쟁
- 그 밖에 주택임대차에 관한 분쟁으로 조정위원회 위원장이 조정이
  필요하다고 인정하는 분쟁

보상 보험

리모델링 과정에서의 실수나 노후로 발생한 하자 때문에 이웃집에 피해를 끼치는 경우가 종종 있다. 이처럼 아파트 베란다 누수나 난방 누수 또는 하수관 누수, 욕실 누수 등으로 아랫집에 피해를 줄 경우 '거주자'가 일상생활 배상책임보험 또는 운전자보험이나 종신보험에 특약으로 가입되어 있다면 정해진 한도 내에서 수리비용을 보상받을 수 있다. 배상책임보험에 가입되어 있다면 과실 부분만큼의 책임을 가입자를 대신해서 보상해 준다. 배상은 자동차사고의 보상절차와 마찬가지로 어느 정도 조율을 거쳐 이루어지는데, 배상책임보험이 없다면 당사자 간에 이런 과정을 직접 거칠 수밖에 없다.

보상보험을 통해 배상받을 수 있는 요건은 다음과 같다.

- 타인의 물건 또는 재산상의 피해를 입힌 경우 : 본인의 집이 부주의로
  누수가 되어 타인의 집(아랫집)과 같이 공사를 할 경우 본인의 집 공사비는
  청구할 수 없고 피해자(아랫집)의 공사비만 청구 가능하다.
- 점유하고 있어야 한다 : 가해자(피보험자) 본인의 집이어야 하며,
  주민등록상 주소지에 살고 있어야 한다(주민등록등본 제출).
- 가해자 집과 피해자 집의 직접적인 관련이 있어야 한다 : 본인 명의로
  점유하고 있지 않고 임대하고 있는 타 부동산의 공사는 해당되지 않는다.

화재보험

노후건물을 소유하게 되었다면 화재보험 가입시기는 언제가 좋으며 화재보험 회사는 어떻게 선택하면 될까? 건물주는 건물 외 각 층에 대한 집기나 시설의 화재보장은 일반적으로 가입하지 않는다. 대체로 건물주는 건물에 대한 화재보장만 받고, 집기나 시설에 대한 보장은 각 층의 임차인들이 개별가입을 해서 보장을 받게 된다. 보험료는 건물화재에 대한 가입금액을 얼마로 책정하느냐에 따라 달라진다.

보험료를 결정하는 가장 큰 요인은 건물의 급수이다. 철근콘크리트 건물은 1급, 벽돌 건물에 지붕이 샌드위치 패널이면 2급, 철골조 건물이면 3급인 식이다. 급수가 높아질수록 보험료는 올라간다. 다음으로 중요한 것은 같은 건물 내에 어떤 업종이 들어있느냐의 문제이다.

화재 시에는 고의든 아니든 입주자(세입자)에 의한 화재는 입주자가 책임을 지게 된다(벌금, 화재손해, 배상책임 등의 일체). 때문에 주택 화재보험은 일반적으로 입주자(세입자)가 가입하는 것이 좋다. 건물주의 관리 소홀, 노후화로 인한 화재의 경우는 건물주가 책임져야 한다. 즉 건물주는 건물에 대한 배상책임을 지며, 입주자는 자신이 거주 중인 임차 공간에 대한 책임을 지는 것이다.

집합건물은 오피스, 아파트형 공장, 오피스텔, 아파트, 연립주택, 다세대주택처럼 소유자가 여러 명인 상가나 소규모 공동주택을 말한다. '집합건물의 소유 및 관리에 관한 법률'은 각 시·도에 분쟁 조정위원회를 두고, 관리비 관리·사용에 관한 분쟁을 조정하도록 하고 있다. 그러나 조정은 강제력이 없어 실효성이 높지는 않다. 법률상 도지사에게 분쟁조정위원회를 구성해 운영토록 하지만 신청 상대방의 거부 때문에 2013년 이후 신청된 22건 가운데 1건만 개최될 정도로 개최 실적은 저조하다.

분쟁조정 신청방법 ('집합건물의 소유 및 관리에 관한 법률' 제52조의2 제2항 참고)

- **필요한 서류** : 분쟁조정 신청서, 제척·기피·회피 신청서, 대표 당사자 선정 신고서, 대표 당사자 변경·해임 신고서
- **포함될 내용** : 분쟁조정 당사자(신청인 및 상대방)의 주소 및 연락처, 분쟁 대상 건물의 소재지, 조정받고자 하는 내용, 분쟁조정 신청사유, 기타 의견 및 증빙자료
- **분쟁조정 신청 대상** : 건물의 하자에 관한 분쟁, 관리인 또는 관리위원회의 운영에 관한 분쟁, 관리비의 징수 관리 및 사용에 관한 분쟁, 규약의 제정 개정에 관한 분쟁, 건물 수익의 관리 사용에 관한 분쟁 등

10년 동안 안 팔리던 천덕꾸러기 물건을 리모델링하여 원하는 가격에 매도

2007년 용산 개발 붐 때 덜컥 사들인 서부 이촌동 낡은 연립주택의 준공연도는 무려 1972년! 35년이나 된 노후주택인데다 10년간 사겠다는 사람이 없어 매도를 포기했던 집이었다. 보증금 3,000만 원에 월세 20만 원으로, 투입된 금액 대비 천덕꾸러기 물건이었다. 노후 문제가 발생한 집을 기능적으로 리모델링하여 의뢰자가 원하는 가격에 매도가 성사되었다. 10년 동안 단 한 건의 매수 의뢰도 없었던 물건을 매도했다. 리모델링의 마술 같은 효과를 보여 주는 사례이다.

상세내용

- 면적 : 29.12㎡
- 매입 : 3억 5,000만 원 (2007년)
- 매도 : 4억 3,000만 원 (2017년)
- 수리비 : 900만 원 (2017년)
- 특이사항 : 10년간 단 한 건의 매수 의뢰도 없었으나
  리모델링 후 원하는 금액에 매도 성공하였음

노후주택, 특히 30년 이상 된 낡은 주택은 건물 외벽과 닿아 있는 벽의 단열 및 건물 외부 방수 상태를 개선하는 것이 중요하다. 방수액은 실외에는 우레탄, 실내 주차장에는 에폭시를 사용한다.

기존에는 화장실 벽에 페인트가 칠해져 있었는데, 이는 방수기능이 없다. 노후된 화장실 벽과 바닥을 철거하여 방수 작업을 한 뒤 벽면 타일 시공 및 입식 세면대로 교체하였다.

소유자 중심에서 거주자 중심으로

2002년 시행된 뉴타운 사업은 2012년 뉴타운 출구 전략에 의해 기존 뉴타운 지정 지역을 수습하는 방안으로 바뀌었다. 거의 모든 재정비사업들이 수익성 위주로 개발되었으며, 그 결과 대개 고층 아파트가 건립됐다. 더 높은 층수를 짓기 위해 조합원과 지자체가 팽팽히 맞서기도 한다.

문제는 '고층 고밀 아파트가 또 재건축 연한이 되는 다음 교체 시점까지 우리는 고려하고 있는가? 모든 개발이 고층·고밀화 개발로 이어지는 것이 과연 바람직한가?'라는 점이다. 대규모 정비사업의 진행 사항을 보면 준공된 사업장이 전체의 33%, 조합 설립까지가 55%이다.

서울·수도권의 도심지는 수년 내 도시정비사업과 교통 계획으로 지금보다 더 뜯고 고치기를 여러 해 거듭하며 가는 곳마다 아파트 건설 현장이 다반사로 눈에 띌 것이다. 또한 이주자들로 인한 임대료 상승과 임대 물건 품귀 현상도 예상할 수 있다. 해제지역과 개발이 이루어지는 지역의 주택가격은 점점 벌어지며 양극화 현상이 나타날 것이다. 그로 인해 향후 일부 도시 슬럼화가 발생한다면 그에 따른 도시문제, 사회문제도 나타날 수 있다.

이를 방지하려면 자치단체별 도시정비사업 협의체를 구성함으로써 사업 시기를 조정하고 부동산 시장의 정보를 교환해야 한다. 직권 해제된 지역은 열악한 주거환경을 개선시키는 구체적인 방법을 찾아 더욱더 열악한 상황으로 빠지지 않도록 공공의 역할을 해야 한다. 개발사업에서 해제된 지역의 기반시설 대책은 이 땅의 주거복지와 시장 안정화를 위해 반드시 해결해 나가야 할 문제이다.

PART

5

리모델링 지원 받고 임대사업까지?!

(29)

공급에서 관리로,
부동산 패러다임의 전환기가 도래했다

경제활동을 하는 사람은 줄어들고 65세 이상 고령자는 14세 이하 어린이보다 28만 명이나 더 많아지는 고령화 사회가 우리 코앞까지 와 있다. 당연히 가구당 가계수입 감소로 이어질 것이며 주택을 구입할 여력도 줄어들 수밖에 없다.

통계청의 '생산가능인구 및 핵심근로인구 추계'에 따르면, 30년 후에는 생산가능인구가 지금보다 30%가량 감소할 것으로 예상된다. 그 가운데서도 핵심근로인구(25~49세)는 2030년 무렵에는 현재보다 16%, 2050년쯤에는 무려 40%가 감소될 전망이다.

이처럼 경제활동 인구가 줄어드는 데 비해 재고주택 수는 꾸준히 증가해 마침내 1,600만 가구를 넘어섰다. 재고주택

Remodeling Note

재고주택이란?

◆

재고주택이란 한 가구가 거주할 수 있는 집을 가리키는 말로, 한 개 이상의 방과 부엌, 독립된 출입구를 가지고 있으며, 통상 소유·매매의 한 단위로 취급된다. 예를 들어 단층 건물에 따라 출입구를 가진 101호와 102호가 있다면, 재고주택 2가구가 있는 셈이다.

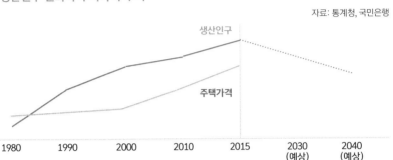

생산인구 변화와 주택가격 추이

자료: 통계청, 국민은행

생산인구

주택가격

1980 1990 2000 2010 2015 2030
(예상) 2040
(예상)

의 절반 가까이가 지어진 지 20년이 넘는 낡은 주택이다. 1990년대 초반에 대량 공급되었던 주택은 이제 준공 20년이 넘었고, 1970~1980년대에 지어져 30~40년을 넘긴 주택이 시장에서 차지하는 비중도 점점 늘어가고 있다. 건설산업연구원에 따르면 재고주택 중 20년 이상 된 주택이 전체 주택의 48%라고 한다(2019.11.1 기준).

재고주택은 늘어나고 인구와 주택 구매력은 감소하는 상황에서 부동산 시장은 결국 공실, 부동산 가치 하락, 양극화를 맞이하게 될 것이다. 이에 대비하기 위하여 정부와 지자체는 다양한 재고주택 정비 및 활용 방안을 내놓고 있다. 지금도 국토교통부와 서울시 등에서 리모델링을 통한 민간 임대사업을 지원하고 있다.

인구수는 2030년을 정점으로 줄어들지만 가구수는 오히려 계속해서 늘어날 전망이다. 사회 트렌드에 따라 1인 또는 2~3인의 소규모 가구가 증가하기 때문이다. 임대주택사업이 정부의 주요 사업이 됨에 따라 부동산 임대 및 관리 시장은 더욱 커질 전망이다.

일본이나 프랑스 등 선진국은 기업형 임대주택이 이미 활성화되어 있다. 일본은 부동산 거품이 꺼지면서 시장이 붕괴되었고 이후 부동산 패러다임이 크게 변화했다. 거품 붕괴를 경험한 이후 소유보다 임대에 대한 선호가 높아짐에 따라 임대주택 수요가 크게 증가했고, 이것이 시장 활성화와 주거복지 향상으로 연결되었다. 다이토켄타구, 레오팔레스21, 세키스이하우스, 스타츠그룹, 다이와리빙 등이 이러한 시장 변화의 기회를 잡아 성장한 임대주택 관리업체들이다. 정부가 임대주택 건설비의 일부를 보조하고 다양한 금융 및 세제 혜택을 주고 있다.

프랑스는 투자금액의 18%에 대해 9년간 소득세를 감면하고, 임대용 주택 건설 사업을 하려는 개인과 법인에 대출을 제공한다. 이들 국가에서는 주택 임대·관리 사업이 이미 고도화, 전문화된 상황이다.

우리나라도 부동산 임대와 개발 등 리츠 사업이 성장세이다. 신규 공급에 치중되어 있던 기존 부동산 시장 트렌드의 큰 축이 관리와 정비로 바뀌고 있는 것이다. 시장과 정부 정책이 모두 변화하는 이 같은 전환기에 뜻밖의 투자 기회가 숨어 있을지 모른다. 다양한 지원 정책과 그에 따른 혜택, 활용 방법에 관해 알아보자.

30

공동주택 리모델링 사업

노후주택 수가 해마다 증가하는 가운데 재건축, 재개발 등의 사업만으로 모든 노후주택을 해결할 수는 없다. 재건축과 재개발로 인한 투기적 수요를 차단하고, 초과이익을 환수하고, 분양가 상한제로 새로운 아파트로 가는 길이 막혔다면 어떻게 해야 할까. 그동안 낮은 사업성으로 관심 밖이었던 리모델링 시장이 최근 재건축의 대안으로 떠오르고 있다.

수직증축 리모델링 & 수평증축 리모델링

건물을 완전히 철거하고 새롭게 세우는 재건축과 달리, 리모델링은 기존 구조물을 남겨 놓은 상태에서 건물을 증축하거나 수선한다. 아파트 리모델링은 재건축으로 인한 사회적인 낭비를 줄이고 효율을 높이고자 하는 의미에서 2003년에 제도화되었다. 지어진 지 15년 이상 된 노후 공동주택 가운데 안전등급 B등급 이상인 곳이 대상이다.

전국의 리모델링 대상 단지는 전체 아파트의 절반에 해당할 만큼 그

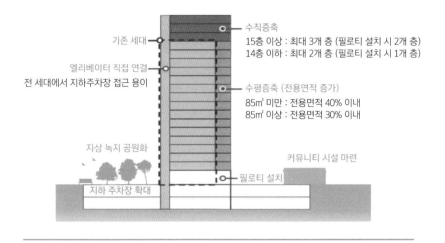

수직증축
15층 이상 : 최대 3개 층 (필로티 설치 시 2개 층)
14층 이하 : 최대 2개 층 (필로티 설치 시 1개 층)

기존 세대

엘리베이터 직접 연결
전 세대에서 지하주차장 접근 용이

수평증축 (전용면적 증가)
85㎡ 미만 : 전용면적 40% 이내
85㎡ 이상 : 전용면적 30% 이내

지상 녹지 공원화

커뮤니티 시설 마련

필로티 설치

지하 주차장 확대

폭이 넓지만, 지금까지 리모델링 사업은 체계적으로 추진되지 못했다. 아파트 재건축이 2018년 3월 안전진단의 강화 기준 연한인 준공 30년을 넘어도 D(조건부 허용), E(불량)를 받기 어려워지고 민간 재건축 규제도 강화되면서, 상대적으로 사업추진이 쉬운 리모델링 쪽으로 선회하는 단지가 생겨나고 있다. 리모델링은 재건축보다 인허가 기준이 까다롭지 않고, 임대주택 공급의무가 없으며, 초과이익환수제 대상에서 제외된다.

10층 이상 중층 아파트는 저층에 비해 대지 지분율이 낮아서 재건축 사업성이 떨어지며, 입주 시 발생하는 추가분담금이나 초과이익환수제 등에 대한 부담도 상당하다. 리모델링을 통한 증축은 앞뒤 좌우를 늘리는 수평증축 방식과 층고를 올리는 수직증축 방식으로 분류된다. 수평증축을 통해 가구당 면적을 40% 이내에서 늘릴 수 있으며(85㎡ 미만의 아파트는 전용면적 40% 이내, 85㎡ 이상인 아파트는 전용면적 30% 이내), 수직증축을 통

수직/수평 증축 리모델링과 재건축의 차이(2022.02 기준)

구분	수직증축 리모델링	수평증축 리모델링	재건축
사업방식	골조를 유지한 채 증축	골조를 유지한 채 증축	완전 철거 후 신축
연한 (준공시점기준)	준공 15년 이상	준공 15년 이상	준공연도별로 20~30년 이상
가구 수 증가	기존의 15% 이내 (15% 이상일 경우 분양가상한제 적용)	없음	제한 없음
안전진단 등급	B	C	D, E
안전진단 절차	4차	1차	1차
층수/면적 높이기	14층 이하 : 2개층 증축 가능 15층 이상 : 3개층 증축 가능	85m^2미만:전용면적 40% 이내 85m^2이상:전용면적 30% 이내	제한 없음
집 넓히기	기존 전용면적의 30~40%		제한 없음
임대주택	법적 상한 초과 허용	법적 상한 초과 허용	법적 상한(3종 주거지역 300%) 이하
용적률	없음	없음	증가 용적률의 50% (전용 60m^2 이하 주택)
건축기준완화	건축선, 용적률, 건폐율, 높이제한, 일조권, 조경, 공지 등	용적률, 건폐율, 높이제한, 일조권, 조경, 공지 등	없음
초과이익환수제	X(조건부)	X(조건부)	O
매매	자유로움	자유로움	조합원 입주권, 분양권 지위양 도 불가(투기과열 지구 내)
기부채납	없음	없음	현행 기준에 적합하게 설계 및 시공
관련법	주택법, 건축법	주택법, 건축법	도시 및 주거환경 정비법
사업절차	기본계획→조합설립→1차 안전진단→지구단위계획→1차 안전성 검토→행위허가→이주 및 철거→2차 안전성 검토→사업계획 승인→2차 안전진단→착공	기본계획→조합설립→1차 안전진단→지구단위계획→건축심의→사업계획 승인→착공	기본계획→안전진단→추진위 구성→조합 설립→사업 승인→이주 및 철거→착공

해 아파트 건물 꼭대기 위로 최대 3개 층(14층 이하는 2개 층)을 더 올리고, 가구 수도 기존 대비 15% 더 늘릴 수 있다.

원래 1천 가구 규모의 아파트라면 수직증축을 통해 최대 1,150가구 규모가 될 수 있는 것이다. 늘어난 주택을 팔아서 공사비에 보탤 수 있으므로 1가구당 30%가량 사업비 부담이 줄어든다.

리모델링 사업이 활성화되기 위해서는 수직, 수평 리모델링의 구조 안정성 확보, 세대수와 주차장, 도로, 공원 등의 기반 시설을 함께 정비하는 방법, 녹색 건축물 등에 인센티브를 주는 방안을 함께 모색해야 할 것이다.

31

새로운 정책과 결합하는 도시재생

문재인 정부의 주요 국정과제 중 하나인 도시재생 뉴딜 정책은 전국의 낙후지역을 지정하고 5년간 총 50조 원을 투입하여 노후된 기존 시가지 인프라를 재정비하고 환경을 개선하는 사업이다.

2013년 시작된 도시재생 지역은 2020년 116곳까지 신규 사업지가 추가되었다. 총사업지역은 401곳이다(2020.12. 기준). 서울시 뉴타운·재개발 해제지역의 난개발과 구도심 노후 주거지역의 문제점을 서울형 모델로 정하여 저층 주거지 관리 방안의 가이드맵으로 삼는 한편, 빈집 및 소규모주택 정비와 함께 도시마다 규모, 형태, 인구 구성 등에 따라 적용 가능한 모델 찾기가 진행 중이다. 가로주택 정비사업, 자율주택 정비사업, 건축협정을 통한 임대주택 공급사업 등이다.

거주자 중심의 지역공동체를 통해 의견을 반영하고 소통하여 지역특색을 살리는 도시재생의 취지는 원도심 활성화와 지역의 고유성을 살리는 데 있으나 그동안 가격이 급격히 상승한 개발지역과 비교되기도 한다.

서울시에서 추진하는 '모아타운'에 도시재생 활성화 지역이 포함되어 함께 진행되기도 하는데, 도시재생 활성화 계획 변경을 통해 재생사업과 연계추진이 가능해져서 새로운 정비 방식에 대해 기대가 모아지고 있다.

도시재생의 개선될 점

- 지역별 문화를 억지로 만든다는 평가
- 직접적인 주거환경의 개선을 원하는 원주민
- 도로정비, 주민 커뮤니티 공간 조성 등에 들어가는 예산에 대한 불만
- 원주민 이탈로 인한 마을의 슬럼화
- 도시재생 기금을 악용한 일부 개인 사업자의 꼼수
- 전국 지자체에서 도시재생 예산 확보 선점에 대한 문제점

빈집 및 소규모주택 정비에 관한 특례법

현재 우리나라의 인구는 약 5천만 명으로, 출생자 수는 줄고 사망자 수가 많아짐에 따라 2030년을 기점으로 점차 감소할 전망이다. 2050년에는 3가구 중 1가구가 1인 가구이며, 특히 그중 50%가 독거노인 가구가 될 전망이다. 미래의 인구와 다양한 가구의 요구를 담을 집은 어떤 모습과 형태여야 할까?

현재 주택보급률은 110%이고, 2050년에는 140%로 더욱 증가하여 전체 주택의 10% 정도가 빈집이 된다. 빈집이 발생하면 각종 범죄와

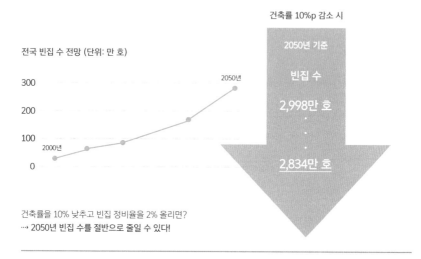

전국 빈집 수와 건축률 10% 감소 시 전망

건축률 10%p 감소 시

2050년 기준

빈집 수

2,998만 호
·
·
·
2,834만 호

전국 빈집 수 전망 (단위: 만 호)

300

200

100

0

2050년

2000년

건축률을 10% 낮추고 빈집 정비율을 2% 올리면?
⋯→ 2050년 빈집 수를 절반으로 줄일 수 있다!

쓰레기 투기 등의 사회적 문제가 발생할 수 있으므로, 빈집의 실제 현황을 파악하고 대책을 미리 마련해야 한다.

방치된 빈집을 효율적으로 정비하고 소규모주택 정비를 활성화하여, 재건축이나 재개발에 비해 빠르게 실리적인 주택 정비를 꾀하는 것이 빈집 및 소규모주택 정비사업이다. 지금까지 경험해보지 않았던 가구 형태와 인구 구성에 대비하여 다양한 시각으로 주택을 정비하고 계획해야 하는 시점이 왔다.

❶ 다양해지는 소규모주택 정비사업

앞으로 200채 미만의 노후·불량 아파트는 '소규모 재건축'을 추진할 수 있고, 5년 이상 방치된 미분양주택은 '빈집'으로 분류해 공공임대주택 등으로 활용한다. 2018년 2월부터 시행된 '빈집 및 소규모주택 정비

구분		일반근린재생형
빈집		지자체장이 해당 집의 거주 또는 사용여부를 확인한 날로부터 년 이상 아무도 거주 또는 사용하지 않는 주택
빈집 정비사업		빈집을 개량 또는 철거하거나 효율적으로 관리 또는 활용하기 위한 사업
소규모 주택 정비사업 3종	자율주택 정비사업	단독주택 및 다세대주택을 자율적으로 개량 또는 정비하기 위한 사업
	가로주택 정비사업	가로구역에서 종전의 가로를 유지하면서 소규모로 주거환경을 개선하기 위한 사업
	소규모 재건축사업	정비기반 시설이 양호한 지역에서 소규모로 공동주택을 재건축하기 위한 사업
토지 등 소유자	자율주택/ 가로주택	사업시행구역에 위치한 토지 또는 건축물의 소유자, 해당 토지의 지상권자
	소규모 재건축사업	사업시행구역에 위치한 건축물 및 그 부속토지의 소유
주민합의체		토지 등 소유자가 소규모 주택정비사업을 시행하기 위하여 토지 등 소유자 전원의 합의로 결성하는 협의체
다른 법률과의 관계		빈집 및 소규모주택 정비에 관한 특례법'은 빈집 정비사업 및 소규모 정비사업에 관하여 다른 법률에 우선하여 적용한다.

에 관한 특례법'은 빈집을 구체적으로 정의하고 실태조사 방법론과 정비사업 방법까지 마련하였다. 특례법에 의하면, '빈집'이란 시장·군수 등이 거주 또는 사용 여부를 확인한 날로부터 1년 이상 아무도 거주하거나 사용하지 아니하는 주택이다. 일본에서는 빈집 뱅크를 활용하여 빈집에 관련된 정책적 제도를 이미 마련하여 시행하고 있다.

서울시 저층 주거지 면적은 전체 주거지의 41.8%를 차지한다. 이 중 약 87%가 노후도 등 재개발 요건을 갖추지 못하여 적절한 정비 방안이 없었다. 대규모 정비사업의 한계를 보완하려면 지역마다 어울릴만한

구분		자율주택 정비사업	가로주택 정비사업	소규모 재건축	소규모 재개발
대상지역		정비구역 해제지역, 소규모주택 정리관리지역 등 (기존 36세대 미만)	6m 이상 도로로 둘러싸인 1만 3천㎡ (기존 20세대 이상)	사업면적 1만㎡ 미만 노후 연립, 아파트 (기존 200세대 미만)	사업면적 5천㎡ 미만 역세권 350m 이내 준공업지역
시행방식	단독	• 주민합의체 (토지 등 소유자 2명 이상)	• 조합 또는 주민합의체 (토지 등 소유자 20명 미만) • 공공시행장(구청장, 공사, 지정개발자(신탁업자)		
	공동	• 구청장, 공사 • 건설업자(건설산업기본법), 등록사업자(주택법), 신탁업자(자본시장법), 부동산투자회사(부동산투자회사법)			
동의요건		100%	• 토지등 소유자 8/10 이상 및 • 토지면적의 2/3 이상 동의	• 토지등 소유자 3/4 이상 및 • 토지면적의 2/3 이상 동의	• 토지등 소유자 3/4 이상 및 • 토지면적의 3/4 이상 동의
사업기간		평균 1~2년	평균 2~4년	평균 2~4년	평균 2~4년
개념도		평균 500㎡ 내외 (기존 36세대 미만)	1만 3천㎡ 미만 (기존 20세대 이상)	1만㎡ 미만 (기존 20세대 이상)	5천㎡ 미만

조례가 필요한데, 현재 시장의 여러 노후주택 상황 등을 고려하여 소규모 단위로 진행함에 있어서 항상 재개발 사업과 사업성이나 속도가 비교되곤 했었다.

자율주택 정비사업은 단독 및 다세대 등의 저층 주거지에 대한 자율 개량사업이다. 전원 합의가 필요한 만큼 소규모 단위로 사업이 진행된다. 즉 10호 미만 단독주택 또는 20세대 미만 다세대주택을 단위로 하며, 20세대 이상이면 가로주택 정비사업이나 소규모 재건축 사업을 선택적으로 추진하게 된다.

미니 재건축과 가로주택 정비사업은 노후, 불량 건축물이 밀집한 가로구역에서 종전의 가로를 유지하면서 시행하는 1만㎡ 미만의 소규모 재건축이다. LH가 참여하는 미니 재건축 사업은 낡은 도심의 기존 가로망 길 체계를 유지하면서 건물을 짓는 것으로, 정비지정 구역과 추진위원회 구성 등 절차가 생략된다. 따라서 일반 재건축보다 추진 시간이 빠르고, 초기 사업비가 적게 들며, 가구당 최대 3주택을 분양받을 수 있어 실거주 외 임대 목적으로 사용 가능하다.

2022년 1월 서울시는 소규모 주택정비사업에서 아쉬웠던 녹지와 휴게 공간을 충족시키고, 개별 필지를 모아 블록 단위의 공동개발을 하는 신정비모델 '모아주택'을 발표하였다. 대지면적 1,500㎡ 이상, 노후도 50% 이상의 조건으로, 저층 주거지 내 공동주택을 집단적으로 추진할 때 기존 가로 체계를 유지하고, 지역 내 필요한 편의시설을 확보할 수 있도록 하였다.

지금까지의 소규모주택 정비사업을 모아서 지하 주차장, 어린이집, 도서관, 녹지율 등을 확보하고, 공공기여와 국·시비 지원을 활용하여 정

소규모 주택정비사업의 장점

비 속도와 원주민의 재정착률을 잡겠다는 얘기다. 모아타운으로 지정되면 최고 층수를 15층까지 적용받을 수 있고, 필요하면 용도지역도 상향 받을 수 있다. 또한 지역에 필요한 도로, 주차장, 공원, 주민 공동 이용 시설 등을 조성할 수 있다.

특례법의 장점은 소규모주택 정비사업 사업절차를 간소화했다는 것이다. 관리처분 절차 없이 사업시행인가만으로 사업을 추진할 수 있도

빈집 및 소규모주택 정비에 관한 특례법 주요 개정안(2022년)

제24조 2항 (조합원의 자격 등)
투기과열지구에서의 조합원지위 양도제한 대상에 가로주택정비사업, 소규모 재건축사업 또는 소규모 재개발 사업을 시행하는 경우 조합설립인가 이후 조합원 지위양도 금지

저층 주거지 주요 재생 모델

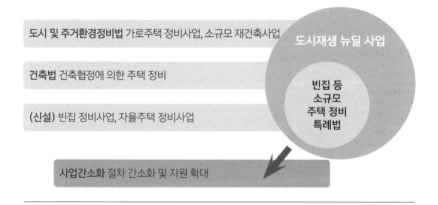

록 절차를 줄였다. 시행방법 등 관련 절차는 종전 도시정비법을 반영하되 일부 규정은 소규모 사업에 맞게 새롭게 마련될 예정이다. 토지 등 소유자가 100명 이하인 사업장은 효율적인 사업추진을 위해 조합 총회에서 정관으로 정하는 바에 따라 자유롭게 선정한다.

주요 제정안

- 토지 등 소유자가 100명 이하인 소규모주택 정비사업은 시공자를 선정할 때 법정 경쟁 입찰을 적용하지 않고, 조합 총회에서 정관으로 정하는 바에 따름(제19조)
- 주민합의서에 포함되어야 하는 내용 중 시·도 조례로 정하는 사항은 신고 없이 변경(제20조)
- 조합원 권리이전에 따른 조합원의 교체, 조합 임원 또는 대의원 변경 등은 별도 인가 없이 신고로 조합 설립인가 내용을 변경(제22조)

❷ 규제 완화 관련 내용

원활한 빈집 정비사업 수행을 위해 일정한 경우 지방건축심의위원회 심의에 따라 도시계획에 부합한 범위에서 개축 및 용도변경 등이 허용된다. 또한 소규모주택 정비사업의 건축규제가 완화되는데, 사업 시행자는 대통령령이 정하는 범위에서 지방건축위원회의 심의를 거쳐 대지의 조경 기준, 건폐율 산정 기준, 대지 안의 공지(건물을 지을 수 있는 대지 안에 비워 놔야 하는 공간) 기준, 건축물 높이 제한, 부대시설 및 복리시설의 설치 기준 등을 완화 받을 수 있다.

폭 12m 이상 일반도로에만 주택과 제1종 근린생활시설을 복합건축물로 건설할 수 있도록 하던 것을 폭 6m 이상에도 허용하여 완화하였다.

사업시행자가 임대주택을 다세대 또는 다가구로 건설할 때 주차 대수는 기존 1대에서 0.6대로 완화된다.

이외에도 사업 시행자가 준공공임대주택을 공급하면서 초기 임대료 규제를 실시하면 임대수익을 보전할 수 있는 임대관리 지원을 시행한다. 이와 관련해서는 LH의 '집주인 임대주택사업'이 해당된다.

제정안

・지방건축위원회 심의만으로 빈집의 개축 또는 용도변경이 가능한 사유 및 범위 규정(안 제39조)

[사유] 도시·군 관리 계획 또는 시설 설치의 결정·변경, 도시개발사업 시행, 도로 설치 등이 있는 경우

[개축 범위] 법령 등에 적합하여야 하고, 도시계획시설 또는 도로의 설치로 지자체가 정하는 면적에 미달하게 되는 경우, 한옥인 빈집의 개축 등

2030 서울 도시기본계획

2003년 서울시는 '균형발전 촉진지구'로 여러 지구를 지정하여 이를 중심으로 개발하려 했으나 여러 가지 이유로 진행되지 못한 경우가 많았다. 대규모 개발의 난이도와 지역 간 특성을 고려해서 실행력이 요구되는 차세대 도시별 계획이 필요했다. 이에 서울시에서는 10년을 단위로 도시기본계획을 발표하고 있다.

'2020 서울도시기본계획'에 이은 2030년까지의 서울을 계획하는 '2030 서울 플랜'은 서울을 3도심, 7광역, 12지역 중심으로 주요거점을 나눴다. 2030 서울플랜에 이은 '2030 서울시생활권계획'은 2010년부터

수립했던 주거지 종합관리계획을 보다 구체화한 것이다. 서울을 5개 권역으로 나누고 이를 다시 116개 지역으로 세분화하여 도시계획 기반의 밑그림을 그렸다. 서울시의 향후 비전을 구체화하기 위해 지역별로 방향성을 제시하는 내용을 담고 있다.

기존 2030 서울플랜은 3도심, 7광역, 12지역 중심이었으나, 2030 서울시생활권계획은 대권역 5개 권역생활권과 소권역 116개 지역생활권으로 설정했다. 그간 중심지와 특정 지역 위주로 개발되다 보니 서울 지역 전체가 균형 있게 발전하지 못한 것이 사실이다. 현재 오피스와 대형 빌딩, 즉 상업용 용도의 건물은 강남과 강북 일부 지역에 집중되어 있다.

이러한 불균형을 해소하기 위해 서남권과 동북권에 일반상업지역을 좀 더 확장한다. 서북권의 경우 상암 디지털미디어시티가 있으므로 기존 계획대로 업무 지역을 구성할 계획이다. 이처럼 권역별 균형 발전과 지역적 특색이나 역사적 가치를 존중하는 데 중심을 두고 있다. 서울의 지역별 불균형을 해소하고, 소외되고 낙후된 지역을 권역으로 연계하여 서울의 동쪽과 서쪽, 남쪽과 북쪽, 골고루 성장시키고자 함이다.

2020년 서울도시기본계획과 비교하면, 부도심이 도심으로, 지역중심지가 광역으로 지위가 올라가는 지역과 도태되는 지역이 있으며, 2040년까지 지속적으로 언급되는 지역이 있을 것이다. 위치와 특성이 장기적이며 대규모 사업으로 가는 개발도 서울도시기본계획에서 계속 언급되는 것만큼 가능성 있는 계획이므로 주의 깊게 지켜볼 필요가 있다.

출처: 서울시

2030 서울시 생활권 계획 + 대형 개발

· 동남권 : 삼성 MICE 산업 + 문정 법조타운 + 수서KTX 복합환승센터

· 도심권 : 서울역 북부 역세권 개발

· 동북권 : 창동 역세권 개발 + 광운대 개발

· 서남권 : 마곡지구 + 여의도 + 영등포/문래동 준공업지역 개발

· 서북권 : 상암 DMC + 수색 역세권 개발 + 연신내 GTX A

　　　　　불광 서울혁신센터 개발

2040 서울도시기본계획

　기본 인프라 확충에 아쉬움을 남기는 도시재생, 층수 제한과 용적률 등 각종 규제에 막혀 있던 서울도시계획은 이제 글로벌 도시로 탈바꿈하려는 기지개를 켜고 있다. 2020년을 기준으로 향후 20년 뒤를 내다보는 2040 서울도시기본계획이 발표되었다. 2040의 기본골격은 녹지 축 + 수변 접근성 + 업무와 신산업 + 역사적 유산과 상권 + 여의도와 용산을 잇는 글로벌 코어 + 중심지와 산업거점 등을 연계하여 낙후된 서울 도심을 활성화하고, 19권역별 중심지를 4대 혁신 축으로 활성화하는 계획이다.

　기존 2030 서울도시기본계획이 보존에 치우쳤다면 2040 계획은 유연성 있는 법 적용과 자율화가 특징이다. 특히 용도지역 자율화와 35층 층고 제한을 폐지한다는 계획은 서울시 전역에 일률적으로 적용되었던 수치화된 기준을 뒤집는 혁신적인 내용이다. 지역이나 지형에 상관없이 절대적인 수치가 대입되었던 층수를 대상지 여건을 고려하여 법제화를 추진하겠다는 것은 서울의 노후 주거지에 희소식이 아닐 수 없다.

도시공간 재구조화	❶ 보행 일상권 조성 ❷ 수변중심 공간 재편 ❸ 미래성장거점, 중심지 혁신 ❹ 다양한 도시 모습, 도시계획 대전환

미래 도시 인프라 구축	❺ 기반시설 입체화 (지상철도 지하화) ❻ 미래교통 인프라 확충

스카이라인 관리기준 개편

다양한 도시모습, **도시계획 대전환**

'35층 높이 기준' 삭제를 통한 다양한 경관 및 품격 있는 도시 조성

2030 서울도시기본계획	2040 서울도시기본계획
서울시 전역에 일률적으로 적용되는 **수치화된 기준**	다양한 열린 공간을 위한 정성적, 유연적 가이드라인

정량적 층수 기준

용도	도시·광역 중심	지역·지구 중심	그 외 지역
상업· 준주거	복합: 51층 이상 가능 주거: 30층 이하	복합: 50층 이하 주거: 35층 이하	복합: 40층 이하 주거: 35층 이하
준공업	복합: 50층 이하 주거: 35층 이하		
일반 주거	제3종 일반: 주거 35층 이하, 복합 50층 이하 제2종 일반: 25층 이하	제3종 일반: 35층 이하 제2종 일반: 25층 이하	

· 절대적인 수치 기준 삭제

· 대상지 여건을 고려하여
위원회 심의 등을 통해 적정 높이 계획 결정

동일 용적률
=

32

정부 지원과 노후주택 리모델링

　정부와 지자체 별로 다양한 노후주택 및 주거환경 개선 사업이 벌어지고 있다. 특히 낡은 집을 리모델링하는 경우 에너지 절감에 기여하면 지원받을 수 있는 정책들이 다양하다. 민간 임대주택으로 활용한다면 수시로 바뀌는 부동산 정책에 귀를 기울여야 한다. 소유주에게는 리모델링을 지원하는 동시에 임대수익을 보장하고, 노인이나 대학생 등 주거취약 계층에는 저렴하고 안정적인 주택을 보급해야 선순환 구조를 만들 수 있다. 노후주택을 보유하고 있거나, 평소 노후주택을 발굴, 리모델링하여 임대하는 데 관심이 있었다면 다음의 지원사업들에 주목해보자.

빈집 살리기 프로젝트

6개월 이상 방치된 빈집이라면 리모델링 비용의 최대 50%, 2천만 원까지 무상 지원받을 수 있다. 서울시의 '빈집 살리기 프로젝트'를 통해서다. '빈집 및 소규모주택 정비에 관한 특례법'과는 다른 것으로, 2015년부터 시행되었던 서울시의 사업이다. 향후 조례를 갖추어 이관할지, 현재처럼 별도로 진행할지 결정할 예정이다.

빈집 살리기 프로젝트는 사회적 기업, 주택협동조합, 비영리단체 등을 선정해 위탁하는 방식이며, 나머지 비용도 사회투자기금에서 총사업비의 70% 이내, 연이자 2%, 5년 만기상환 등의 유리한 조건으로 대출받을 수 있다. 이렇게 리모델링한 집은 민간 임대주택으로 탈바꿈해 저소득 가구에 시세 80% 수준의 임대료로 최소 6년간 저렴하게 제공된다.

우선 대상 지역은 정비사업해제구역과 정비사업구역을 포함한 서울 시내 전역이다. 방 3개 이상의 단독주택과 다가구, 다세대, 연립주택이 대상이다. 대중교통을 이용할 수 있는 곳이어야 하며 건물당 총 5천만 원 내외에서 리모델링이 가능해야 한다. 단, 지나치게 노후화되어 안전 문제가 있다면 제외된다.

· 기존에 집수리, 주택건설, 리모델링 경험이 있는 사회적 기업, 주택협동조합, 비영리 민간단체라면 빈집 살리기 프로젝트에 지원이 가능하다 (건설 능력이 없다면 건설형 사회적 기업이나 전문 건설업체와 공동으로 지원하는 것도 가능). 집주인의 동의를 받아 5곳 이상의 빈집을 발굴하고, 공간 활용 계획을 반영해 신청한다. 상시접수하며 자세한 내용은 서울시 주택정책과에 문의하면 된다. 선정된 사업시행기관은 빈집 소유주와 장기 임대 계약을 체결하여 리모델링을 추진한다. 입주자 모집 및 선정은 자치구가 담당한다.

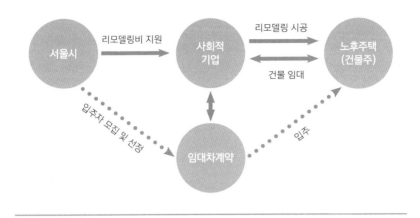

폐가 리모델링

농촌 지역에서 노후 또는 불량주택을 리모델링하려는 농촌 주민(무주택자 포함)이나 농촌 지역으로 이주하려는 사람 중 시장이나 군수, 구청장이 추천한 경우 '농촌 주택개량자금'을 신청할 수 있다. 농촌의 주거환경 개선 및 귀농, 귀촌을 활성화하고 낡고 불량한 농촌주택을 개량함으로써 농촌 지역의 주거문화 향상, 주거복지를 실현하는 것이 목적이다.

융자 재원으로 농협 자금 5,000억 원을 확보했다. 연면적 150㎡의 단독주택이 대상이다. 창고와 차고 등이 포함된 경우에도 이 면적을 초과할 수 없다. 주택 면적보다 창고나 차고 등 부속시설이 크면 지원 대상에서 제외된다.

신축, 개축, 재축, 대수선하는 경우 토지 및 주택 등 담보물의 감정평가에 따른 대출한도 이내에서 대출이 가능하다. 증축이나 리모델링의

경우 토지 및 주택 등 담보물의 감정평가에 따른 대출가능 한도의 50%

이내에서 가능하다. 금리는 연 2.7%이며 만 65세 이상 노인 또는 부양

자는 2.0%이다. 1년 거치 19년 분할상환 또는 3년 거치 17년 분할상환

중 선택할 수 있다. 리모델링은 건축법상 행정절차에 부합해야 한다(건

축신고 등). 또한 대출금액은 실제 건축비용을 초과할 수 없다.

주택가 주차장 조성을 지원하는 그린파킹사업

아파트가 아닌 지역은 주차난에 시달린다. 그린파킹사업은 담장을

허물어 내 집 주차장을 조성하고, 주차장 설치 비용 절감 및 주택가 이

그린파킹사업 지원 대상 및 기준

건물 임대	담장을 허물어 내 집 주차장을 조성함으로써 주차장 설치비용 절감 및 주택가 이면도로 보행자 중심으로 기능 회복하여 주택가 주차난을 해소하고자 추진하 는 사업(2004년부터 시작)
지원 대상	·담장 또는 대문을 허물어 주차장 조성이 가능한 단독주택 등(뉴타운 지정지 역, 재개발 인가지역, 재건축허가지역, 신축예정주택 제외) ·1994년 12월 30일 이전에 건립 허가된 아파트 : 아파트 부대시설 및 복리시 설 각 1/2 범위 안에서 전체 입주자 2/3 이상의 동의를 얻은 경우
지원 기준	(2011년 기준) ·주차면 1면 기준 850만 원, 2면 기준 1,000만 원 범위 내에서 최대 2,800만 원 지원 ·참여가옥 50% 이상인 골목길에 생활도로 조성 　* 신청 : 서울시 주차계획과 / 지방 : 구청 교통행정과 교통시설팀
추진 실적	(2015년 기준) ·담장허물기 주택 761동, 주차면 1,879면 조성(소요예산 45억 원)

면도로 기능을 회복하여 주택가 주차난을 해소하고자 추진하는 사업이다. 소유자가 신청하여 담장 철거비 등을 지원받을 수 있다. 주로 단독주택의 마당 등을 신청한다. 담장을 없앤 후 별도의 보안시설 등에 신경을 써야 한다. 주차면 1면 기준 850만 원, 2면 기준 1천만 원, 최대 2,800만 원까지 지원하며, 참여하는 집이 골목의 절반을 넘으면 그 골목에는 생활도로가 조성된다. (상세한 내용은 다음 URL 참고 : https://news.seoul.go.kr/traffic/archives/1834)

한옥 리모델링 지원

한옥 주택을 보유하고 있다면 신축 또는 수선 시 지원을 받을 수도 있다. 서울시는 한옥 신축 시 외관에 최대 8천만 원을 지원하며, 내부에는 2천만 원까지 융자가 가능하다.

전면 수선의 경우 외관은 6천만 원 지원에 융자 2천만 원까지 추가할 수 있으며, 내부는 4천만 원까지 융자해 준다. 부분 수선의 경우에도 1천만 원까지 보조받을 수 있다. 단, 한옥보전구역에 위치한 집이라면 지원 및 융자금액이 최대 금액의 1.5배까지 가능해진다.

대구시 또한 한옥보호구역을 대상으로 신축 시 최대 5천만 원, 대수선 시 최대 4천만 원까지 지원한다. 이외에도 경주, 공주, 부여, 익산 등도 지원 지역이다. 자세한 내용은 해당 지방자치단체에 문의하면 된다.

집수리 교육받고, 공사비도 지원받고

낡은 주택을 내 손으로 고치는 방법을 고민 중이라면, 지자체에서 제공하는 다양한 집수리 교육 프로그램에 관심을 가져보자. 서울시는 스

서울가꿈주택
집수리 지원사업

◆

서울시의 주거환경 개선사업의 일환으로 저층 주거지 집수리 공사 시 비용의 일부를 지원받을 수 있다. 집수리 보조금은 공사비용의 50% 이내에서 단독주택에 최대 1200만 원까지 지원하며, 융자금은 공사비용 80% 이내에서 최대 6000만원까지 지원한다.

집수리닷컴 : jibsuri.seoul.go.kr
서울시 주거환경 개선 사업의 일환으로, 낡은 집을 고칠 때 참고할 수 있는 사이트이다.

스로 집을 고치기 위한 이론과 기술을 알려주는 '집수리 아카데미 교육 프로그램'을 운영하고 있다.

한편, 서울시는 뉴타운 등 해제 지역 또는 단독주택과 다세대주택이 밀집한 지역의 저층 노후주택을 대상으로 집수리 비용의 일부를 지원(보조, 융자)하고 있다. 집수리 보조·융자 사업의 경우 주택성능개선지원구역 내 노후 저층주택의 경우 지원 가능하며, 그 외 노후주택의 경우에는 이자 지원 사업을 통해 지원한다.

보조·융자 사업 대상은 주택성능개선 지원구역 내 사용승인일이 20년 이상 경과한 단독주택(다중·다세대주택 포함), 공동주택(다세대·연립주택)이다. 이자 지원 사업 대상은 서울시 내 사용승인일이 10년 이상 경과한 단독주택(다중·다세대주택 포함), 공동주택(다세대·연립주택)으로 시중금리로 집수리·신축 융자를 받을 때 서울시가 최대 2% 이자를 지원한다. 이외에도 지자체 및 구별로 다양한 집수리 교육이 진행 중이다.

건강을 위협하는 슬레이트 지붕, 안전하게 철거한다

낡은 저층 주택에서 흔히 볼 수 있는 물결 모양의 석면 슬레이트 지붕은 1970년대 지붕 개량을 통해 널리 보급되었다. 오늘날 잘 알려져 있듯, 석면은 국제암연구기관(IARC)가 지정한 1등급 발암물질이다.

슬레이트는 시멘트와 석면을 84:16의 중량비로 압축하여 제작한 얇은 판으로 1960~1970년대 농가 지붕에 특히 많이 사용되었다. 정부는 이러한 석면 슬레이트를 신속하고 안전하게 처리하여 석면 슬레이트로부터 국민건강을 보호하기 위해 슬레이트 지붕 철거 및 처리 비용을 지원하고 있다. 지원 비용은 가구당 336만 원 이내로, 철거 후 지붕 설치 등은 소유주 자신이 부담해야 한다. 슬레이트 주택을 소유하고 있다면 주택 소재지 관할 구 및 주민센터에서 슬레이트 지붕 개량 지원을 신청할 수 있다.

그린 리모델링·에너지 효율화 지원

노후주택의 고민 중 하나는 에너지 효율 문제이다. 특히 1970~1990년대 사이에 준공된 노후주택은 단열이 취약한 경우가 많다. 이런 고민이 있다면 리모델링 비용 부담을 덜 수 있는 지원사업에 관심을 가져보자. 건축주가 에너지 성능 개선 공사비를 은행에서 저리로 대출받도록 하고, 공사 완료 후 절감되는 냉·난방비로 사업비를 장기간에 걸쳐 상환하는 제도이다. 단열 창호, LED 조명, 고효율 보일러 교체 시 융자 지원을 받아 비용 부담을 줄일 수 있다.

서울시는 매년 '건물 에너지 효율화(BRP 사업)'을 진행하는데, 에너지 효율화 1가구당 최대 1,500만 원, 건물은 최대 20억 원까지 연1.45% 금리로 융자를 지원한다. (문의: greenremodeling.kr)

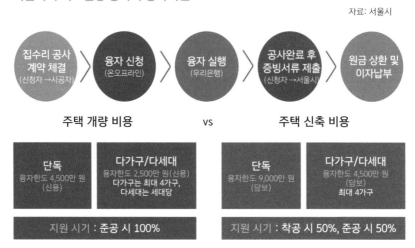

서울시의 리모델링 공사비 융자지원

자료: 서울시

집수리 공사 계약 체결 (신청자→시공자) > 융자 신청 (온오프라인) > 융자 실행 (우리은행) > 공사완료 후 증빙서류 제출 (신청자→서울시) > 원금 상환 및 이자납부

주택 개량 비용   vs   주택 신축 비용

| 단독 융자한도 4,500만 원 (신용) | 다가구/다세대 융자한도 2,500만 원(신용) 다가구는 최대 4가구, 다세대는 세대당 |
| 단독 융자한도 9,000만 원 (담보) | 다가구/다세대 융자한도 4,500만 원 (담보) 최대 4가구 |

지원 시기 : 준공 시 100%   지원 시기 : 착공 시 50%, 준공 시 50%

서울시 노후 수도관 교체 지원사업

1994년 4월 1일 이전에 건축된 주택으로 녹물이 나오는 등의 노후 현상이 있으면 지원을 받을 수 있다. 수도배관공사 표준 지원 공사비와 총공사비의 80%를 비교하여 적은 금액을 지원한다. 관할 지역 상수도 사업본부에 문의하여 지원 대상인지 확인하면 된다.

친환경 콘덴싱(저녹스) 보일러 교체 지원사업

서울 소재 주택이 일반 보일러를 콘덴싱 보일러로 교체하는 경우 비용을 대당 16만 원씩 지원해 준다. 거주지 구청에서 3,500대 선착순으로 접수하며, 세입자도 지원할 수 있다. 신청이 많은 경우 기초생활수급자, 차상위 계층, 전용면적이 작은 주택, 제조일자가 오래된 보일러 순으로 교체 지원한다(문의 : 해당 지역 관할구청 환경과 또는 환경업무 담당 부서)

서울시 가정용 친환경 보일러 설치 지원사업(사업기간, 대상, 조건 등 확인)

· 제조일로부터 10년 이상 된 보일러를 친환경 보일러로 교체하는 자.

· 지원 대상 제외 : 공공시설, 신축건물

· 저소득층 임차인이 주택 소유주의 임대계약 연장 동의서 제출 시 60만 원 지원

2030년 제로에너지 빌딩

미국의 경우 전체 이산화탄소 발생량 중 건물에서 발생하는 이산화탄소량이 무려 50%에 달할 정도로 건축물 신축과 철거가 환경오염의 주범이 되고 있다. 2015년 12월 파리 기후협약에 따라 세계 195개국이 온실가스를 줄이고, 지구 평균 온도 상승 폭을 낮추기 위한 약속을 하였다.

우리나라는 2030년까지 온실가스 배출을 전망치 대비 37% 감축하기로 목표를 설정했다. 이처럼 신재생 에너지 역할이 점점 더 중요해지는 상황에서 제로에너지 건축물 의무화를 목표로 인증제를 시행하고 있다. 제로에너지 건축물은 고단열 건축자재와 신재생 에너지를 결합하여 외부 에너지 유입을 최소화한 건축물로, 패시브 건축과 액티브 건축을 더한 것을 말한다.

기존 건축물 에너지효율 등급 인증과 동일하게 주택·업무시설·근린생활시설 등 대부분 용도의 건축물이 지원 대상이다(특수목적 건축물 제외). 용적률이나 채광창 높이 기준이 15%로 완화 적용되며, BEMS(Building

Energy Management System, 건물에너지관리시스템) 설치보조금(설치비의 50%)을 우선 지원받을 수 있다. 또 태양광, 지열 등 신재생 에너지와 제로 에너지 건축 지원센터의 맞춤형 지원 혜택을 받을 수 있다.

33

한 발 앞서 보는
리모델링 정책의 방향

선진국에서는 우리보다 앞서 도시재생을 추진해왔다. 그들의 정책 방향과 사업 내용을 알면 대략적으로나마 우리나라의 도시재생 방안을 그려볼 수 있다. 아시아에서 주택이 대량 공급된 시기는 1960년대 이후이다. 유럽에서는 제2차 세계대전 후 인구 증가에 따라 주택 공급이 시작되었다. 시간이 경과하여 노후화된 주택단지가 슬럼화되는 등의 문제가 발생하자 그에 따른 다양한 정책이 나오기 시작하였다.

공통적인 점은 주택의 양적 건설보다는 향후 지속 가능한 개발, 그리고 리모델링을 통한 기존 공동주거 개선에 관한 논의가 활발해졌다는 것이다. 따라서 구조변형이 대대적으로 이루어지는 고층형보다는 리모델링이 수월한 저층형을 중심으로 사업이 진행되어 왔다(최근에는 고층형에 관한 연구도 활발해지고 있다).

선진국의 리모델링 정책은 어떤 모습일까

해외에서 볼 수 있는 민관 파트너십 강화, 전담기구 설립, 금융지원, 에너지 관련법 개정 등은 국내에서 중장기적으로 검토할 만한 방안이라 할 수 있다. 특히 일본에서는 주거를 신축할 때 구조(structure)와 내부 공간(partition wall)을 분리할 수 있도록 계획하는 SI주택을 도입한 점에 주목할 만하다. SI주택은 세대 단위의 자유로운 결합과 해체, 칸막이벽의 자유로운 가변화, 무장애(barrier free) 평면 개조 등이 가능하므로 100년 가는 주택 시대를 열 수 있는 방안이다. 국내 실정에 맞게 변경하여 활용할 수 있는 방안으로 보인다.

유럽을 대표하는 독일과 아시아를 대표하는 일본 노후 공동주택의 대표적 사례 단지 리모델링 방안을 분석한 결론은 다음과 같다.

❶ 주호 통합을 통한 평면 변화와 부엌 및 욕실 설비의 교체, 외벽과 지붕 개선 및 옥외 주차장 정비 등 비교적 리모델링이 수월한 방안들과 주동 일부를 철거하여 밀도를 저하시키는 등의 적극적인 방안이 도입되었다.

❷ 독일의 경우, 외부공간 재구성과 주민공동시설 확장을 제안하여 교육 및 문화 분야의 주민공용시설이 보완되었다.

❸ 일본에서는 가족 형태에 대응한 다양한 주택 유형 공급이 이루어졌는데, 이것이 주거단지의 사회적 활성화에 큰 비중을 차지하고 있다.

❹ 제도적으로 노후주택의 개량을 위해 전담기구가 설립되고 금융지원과 민관 파트너십이 강조되고 있다.

❺ 독일의 경우 저탄소 녹색성장과 에너지 절약을 위한 제도를 마련하고, 신재생 에너지원을 적극적으로 활용하는 주거지 리모델링을 실행하여 주거지 재생을 실행하고 있다.

❻ 리모델링을 추진하면서 저층부 일부의 용도변경을 통하여 주민공동시설을 만들었다. 이를 통해 노약자를 위한 무장애 공간을 조성하는 등

구분	리모델링 방안	
물리적 측면	• 주동건물 아이덴티티의 표현 및 강화 • 노후주택 난방 시스템 정비 및 보완 • 소, 중규모 블럭형 수복 주거 리모델링 • 주호 사이 칸막이벽 설치와 설비 개선 • 단위 주호의 신축 및 필요공간 부가 • 계단실 주거의 엘리베이터 부가 신축 • 단지 공터의 주차빌딩 신설 및 증축 • 보행 안전 위한 보차도의 입체적 분리	• 수동형 태양열 주택 설비 및 개조 • 노후주택 외벽 및 실내 도장, 마감 • 주동의 외벽, 계단, 지붕부 리모델링 • 부엌, 욕실, 다용도실, 계단확장 변경 • 무장애 평면형 디자인 도입 • 옥외 주차장 및 어린이 놀이터 정비 • 건물 파사드, 출입구, 입구통로 개선
사회적 측면	• 주민공동시설 설치와 사회 통합 추구 • 교육, 사회, 복지, 문화시설 확장 • 다양한 주택 유형의 공급 계획 수립	• 외부공간 구성으로 분위기 쇄신 • 친환경 요소 도입과 에너지 절약 설계 • 가족 형태 변화에 대응한 주택 설계
제도적 측면	• 탄소저감형 단지 개발 기술 도입 • 노후주택개량기금 조성 및 지원 • 공공자금의 투입 억제와 민간 참여 • 철거에서 개량/개보수로 정책 전환 • 주택 증개축 세액감면 및 공제 제도	• 에너지 절약 및 자원 관련법 개정 • 민간기구의 관민 파트너십 강화 • 특수계층(노인/장애인) 주택 지원 • 주택 리모델링 전담기구 및 부서 설치

사회통합적인 노후 주거단지 리모델링을 실현하려고 노력하고 있다.

❼ 독일에서는 지역 커뮤니티와 자원을 살릴 수 있는 수복형 재생 방식으로 전환되어, 외부 공간은 도로망의 확장 혹은 축소, 공원 조성, 개인 정원화 등에, 내부 공간은 설비 교체를 통한 에너지 효율 제고에 초점을 맞추고 있다.

❽ 일본은 노후 아파트 리모델링 계획 수립 후 원주민의 재정착을 유도하는 순환재생 방식을 실행하고 있다. 또한 수목 이식 계획 등 기존 단지의 자연 특성과 생활을 유지하기 위한 리모델링 기법이 동원되고 있다.

기본 리모델링만 해도
월세 효자 부동산을 만들 수 있다

1억 원이 안 되는 금액(9,000만 원)으로 산 인천의 17평 짜리 복도식 아파트이다. 1998년에 준공된 곳으로 개발 계획은 없다. 그러나 서울로 출퇴근이 편리하고 주거 비용이 저렴한 편이라 싱글족과 맞벌이족을 대상으로 월세 수익을 노려볼 만했다. 방 2개, 거실, 화장실, 부엌이 있는 간단한 구조이다. 적은 돈을 들여 도배, 페인트칠, 현관, 싱크대, 화장실, 발코니 공사를 모두 진행할 수 있었다. 준공된 지 30년이 넘은 소형 아파트는 전반적인 내부 관리 소홀로 곰팡이 문제가 심각했다. 이를 해결하기 위해 방의 벽면을 철거하여 단열작업을 시행하였고, 발코니 쪽 결로를 차단하는 시공으로 주택 본연의 기능성 복구에 집중하였다.

상세내용

- 면적 : 57.53㎡ (17평형)
- 매입 : 9,000만 원(2015년 6월) ┉➔ 현 시세 2억 8,000만 원
- 수리비 : 600만 원 (2015년)
- 임대료 : 보증금 1,000만 원 / 월세 60만 원
       (전세 2억 원)

기존 벽에 달려 있던 수전을 싱크대와 연결되는 입수전으로 시공하면 수전 위치에 영향받지 않으므로 싱크대 설계가 자유로워진다.

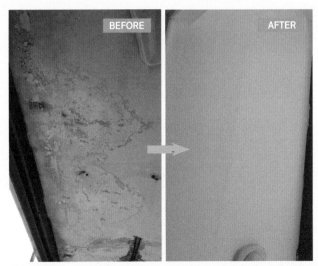

발코니 상부나 창고 등의 페인트가 들떠 있다면 반드시 누수의 원인을 찾아야 한다. 또한 창호 교체 유무도 확인한다. 방수 처리를 위해서는 일단 방청 처리 후 외부용 퍼티를 바르고, 결로 방지 페인트를 칠하는 순서를 거쳐야 한다.

판매하는 공간에서 체험하는 공간으로

이제 점포는 '제품을 경험'하는 체험의 공간으로 바뀌고 있다.
점포에서 제품을 보고, 입고, 신어보고, 앉아보고, 온라인에서 구매하는 형태가 지금보다
더 늘어날 것이다. 그에 따라 건물 소유주는 건물 이용자, 그 지역민들에게 '즐거운 경험'
을 선사하는 것에 관심을 가져야 한다. '체험'과 '경험'은 건물 전체의 이미지 메이킹에
크게 기여할 것이다.

PART

6

투자자라면 주목해야 할 시장 트렌드

34

주택과 상가 트렌드, 어디로 갈 것인가

목 좋은 곳에 깨끗한 건물을 사서 비싼 값에 임대하면 장사도 잘되고 수익을 얻을 수 있었던 성공의 방정식이 바뀌고 있다. 오를 대로 오른 집과 상가는 더 이상 투자의 해법이 될 수 없다. 공급은 한정적이고 직장의 고용이나 점포 매출의 향방은 외부 환경에 의해 끊임없이 변한다. 부동산이 관리와 운용의 시대로 바뀌어 가는 현실에서 투자 또한 운용을 통해 가치를 높이는 방향으로 나아가야 한다. 다음 사례를 보자.

정미소와 제철소로 사용하던 공간이 리모델링을 통해 연간 100만 명이 방문하는 카페로 거듭났다. 별다른 홍보 없이 고객들이 스스로 인스타그램에 소개해서 알려진 이 건물은 지역 명소가 되었다. 해외기업에서도 노하우를 배우기 위해 들른다는 이 카페의 무기는 다름 아닌 '디자인'과 '기획력'이었다.

상상 속 이야기가 아니다. 성수동에 있는 갤러리 카페 '대림창고'의 실제 이야기이다. 폐창고가 즐비하던 주변은 젊은이들의 핫플레이스가 되어 상권 자체가 바뀌었다. 매물을 찾는 사람은 많은데 물건이 없어 근처 상가 임대료는 부르는 게 값이 되었을 정도다. 낡은 공장 지대가 한국의 '브루클린'으로 변신한 것이다.

성수동 사례에서 보듯, 지역 이미지와 격차가 항상 고정적이지는 않다. 낙후된 동네, 노후된 건물을 어떻게 기획하고 가공하느냐에 따라 환골탈태(換骨奪胎), 천지개벽(天地開闢)이라 할 만한 변화가 가능하다. 누구도 쳐다보지 않던 땅과 집에 무한한 잠재력이 숨어 있을 수 있다.

아무도 살고 싶지 않던 거지집(필자가 붙인 이름이다)을 누구라도 소유하고 싶고, 살고 싶은 집으로 변신시키는 것, 그것이 리모델링 재테크의 핵심이라 할 수 있다. 어떤 집으로 바꿔야 사람들이 선호하는 집이 될 것인가? 어떤 형태의 주거가 각광 받을 것이며 어떤 가게가 손님을 끌 것인가? 이를 위해서는 다가오는 트렌드를 읽는 눈이 있어야 한다.

주택 트렌드의 변화 : 엔터테인먼트 + 주택

200만 호가 넘는 주택이 공급되었던 공급자 중심의 1980년대, 소비자 중심 시장이 펼쳐졌던 1990년대, 민간 주도의 자율시장이었던 2000년대를 지나서, 저출산과 1인 가구가 화두로 떠오른 2020년대를 맞이하고 있다. 우리나라 인구 절반 이상이 아파트에 거주하고 있지만 저성장과 베이비붐 세대의 은퇴 본격화 등 불확실성이 늘어나고 있어 아파트 위주의 주거 형태가 언제까지 지속될지 모른다.

또한 거시적으로는 기후 변화와 그에 따른 자연재해, 에너지 및 자원의 부족, IOT(Internet Of Things) 등장 등의 근미래적인 이슈를 맞이하고 있다. 이처럼 변화무쌍한 시대의 흐름 앞에 아파트의 수익성이 언제까지 지속

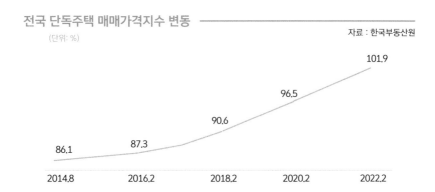

전국 단독주택 매매가격지수 변동
(단위: %)

자료 : 한국부동산원

86.1　　87.3　　90.6　　96.5　　101.9

2014.8　　2016.2　　2018.2　　2020.2　　2022.2

될지는 미지수이다. 보유하기만 해도 자연스럽게 가격이 오르던 시대가 서서히 저물고 있는지도 모른다.

　일률적인 공동주택 디자인 또한 변화하는 시대에 발맞추지 못하고 있다. 아파트 거실 하면 떠오르는 것은 소파와 텔레비전이 획일적으로 배치된 모습이다. 1층부터 고층까지, 높이만 다를 뿐 주민들은 같은 위치의 소파에 앉아 같은 위치에 있는 텔레비전을 바라보고, 똑같은 데 배치된 식탁에서 식사한다.

　그러나 요즘 청년들은 자신만의 개성적인 공간을 원하는 경향이 뚜렷하다. 특히 청년 주거 문제는 임대주택 시장에도 영향을 주었다. '셰어링(sharing)'이 그것이다. 3~4인 가족 위주였던 가구 구성도 바뀌고 있다. 2040년 경이면 서울의 10가구 중 7가구가 1~2인 가구가 될 것이라 한다. 이러한 라이프 트렌드의 변화를 다양하게 담아낼 수 있는 미래의 주택은 어떤 모습일까?

　일단 개별주택(단독으로 사용 가능한 주택)은 시간대별로 사용, 임대, 변환이 가능한 트랜스포머 주택이 될 것이다. 공동주택 중 재건축에서 제외되거나 방치되는 주택들은 집단적인 슬럼화를 경험할 것이다. 노후화가 빠르게 진행되고 있는 저층 주거지는 기반 시설 마련과 개별적 치료, 주택 개량에 대한 실질적인 진단과 지원이 필요하게 될 것이다. 계절별로 극심한 온도 변화에 적응해야 한다는 점에서 개별주택과 노후주택의 단열은 지금보다 더욱 절실한 현실적 문제가 될 것이다.

장소로부터의 해방, 움직이는 공간의 등장

'직업'의 패러다임은 참 자주 바뀌는 것 같다. 20여 년 전만 해도 한 직장에 오래 다녀야 성실성을 인정받을 수 있었다. 오늘날은 사정이 완전히 달라졌다. 미국 노동 인구의 40%가 프리랜서가 되리라는 전망이 나올 정도다. 한 사람이 평생 같은 직장의 정규직으로 일하는 시스템은 앞으로 무색해질 가능성이 크다.

우리는 현재 디지털 노마드(digital nomad) 시대에 살고 있으나 이러한 패러다임은 또다시 변할 것이다. 기술의 급격한 발전으로 일반적인 사무 업무나 단순한 일은 앞으로 로봇이나 인공지능으로 대체될 것이 거의 확실해 보이기 때문이다. 기업의 매출이 성장해도 고용은 늘어나지 않는 현상이 가속화될 것이다. 업무 방식도 바뀌고 있다. 스마트폰의 등장으로 언제 어디서든 이메일을 확인하고, 온라인 채팅 그룹 창을 통하여 정보의 분배가 실시간으로 이루어진다. 장소와 시간으로부터의 해방(location independency)이 현실화되고 있는 것이다.

고용 없는 성장과 확장되는 IT 환경, 이 같은 변화는 앞으로 우리의 소비 양상을 바꿔 놓을 것이다. 그로 인한 부동산과 상권 변화도 예측할 수 있다. 앞으로 초역세권 주변 상권은 더 이상 매장 매출로만 버틸 수 없으며, 대형 오피스 빌딩의 등락 폭이 커질 것이다. 쇼핑 방법은 더욱 다양해져서 '소유'하는 것보다 '공유'하는 소비가 늘어날 것이다. SNS를 통한 '구매', '홍보', '공유'는 더욱 우리 삶을 파고들 것이다. 상업 시설은 어디에 위치하느냐보다 어떤 공간이냐가 더 중요해지고, 기존에 우리가 인식하고 있던 접근성(유동인구, 역세권 등)의 의미는 다소나마 축소될 것이다.

또한 부동산에도 공유경제가 틈새시장으로 자리 잡을 것이다. 이미 우리는 고정적인 장소에서 해방되어 어디서든 쇼핑하고 모르는 사람과 소통하고 있다. 상가, 점포, 사무실에 있지 않아도 온라인의 바다가 곧 당신의 일터와 소통 장소가 되는 세상이다.

이러한 환경에서 '공유경제'가 대세로 떠오르고 있다. 에어비앤비와 셰어하우스, 위워크는 대표적인 부동산 공유경제 서비스들이다. 이제 내가 건물을 소유하지 않아도 공유경제를 활용하면 임대사업이 가능하다. 저자본으로도 방이나 집, 오피스 등을 공유하는 새로운 형태의 임대사업이 활성화될 것이다.

········ Remodeling Note ········

오피스의 개념이 달라진다

◆

시공간을 초월하여 어디서든 비즈니스가 가능하다. 사무실이 움직이기 시작했다. 다음과 같은 사이트들은 오피스의 개념을 바꾸고 있다.

- 프리랜서, 재택근무자 플랫폼 : 업워크 www.upwork.com

- 공유 오피스 멤버십 위워크 www.wework.com

- 원격근무 가능한 일자리 큐레이션 위워크리모틀리 weworkremotely.com

- 리모티브 remotive.io

- 여행하며 일하는 커뮤니티 프로그램 해커 파라다이스 www.hackerparadise.org

- 코보트 www.coboat.org

- 디지털 유목민들의 생활 정보 웹 노마드리스트 nomadlist.com

- 디지털 노마드를 위한 검색 엔진 텔레포트 teleport.org

- 디지털 노마드 컨퍼런스 DNX www.dnxglobal.com

상업 공간의 리모델링 트렌드 : 엔터테인먼트 + 상가

"인간은 누구나 디자인에 대한 갈증이 있다." 앞서 소개한 대림창고 홍동희 대표의 말이다. 다양성과 창의성을 추구하는 심리를 파악한 것이 대림창고의 성공 비결이라 할 수 있다.

과거에는 점포나 상점을 기반으로 장사를 했지만, 이제는 SNS를 통해서 점포나 사무실 없이도 비즈니스가 가능한 시대가 되었다. 정보의 홍수 속에서 반짝이는 독특한 콘텐츠의 매력은 대기업의 자본 앞에서 유일하게 대적할 수 있는 하나의 '상품'이 되었다. 전시와 식사, 커피, 모임, 쇼, 행사 등을 동일한 장소에서 해결할 수 있는 점은 복합공간의 매력이다. 단, 복합공간의 전제조건은 다양한 소재를 발휘할 수 있는 높은 층고와 아무것도 없는 공간이다. 그 소재에 적당한 공간이 바로 폐창고와 공장이다. 홍보와 전시장이 필요한 예술가들에게는 장소 제공을, 예술을 접하기 힘든 바쁜 현대인들에게는 전시 관람을, 사용하지 않는 공간에는 새 생명을 불어넣는 것이 바로 폐창고 리모델링이다.

이제 점포는 '제품을 경험'하는 체험의 공간으로 바뀌고 있다. 점포에서 제품을 보고, 입고, 신어보고, 앉아보고, 온라인에서 구매하는 형태가 지금보다 더 늘어날 것이다. 대형 건물 소유주는 수익률의 극대화에 초점을 맞추기보다 건물 이용자와 지역민에게 '즐거운 경험'을 선사하는 것에 관심을 가져야 한다. '체험'과 '경험'이 건물 전체의 이미지 메이킹에 크게 기여할 것이다. 즉, 콘텐츠가 상가 가치를 결정하는 주요 요인이 될 것이다.

35

다가오는 주택 트렌드 :
고치고, 공유한다

고령화는 향후 한국 사회가 대응해야 할 주요한 메가트렌드로 널리 인식되고 있다. 전체 인구에서 65세 이상 고령 인구가 차지하는 비중은 2010년 11%에서 2060년에는 40.1%로 증가한다(통계청 '인구추계전망'). 저출산 현상과 동반하여 이루어지는 고령화는 생산가능인구 100명당 고령 인구의 비중, 즉 노년부양비를 2010년 15.2명에서 2060년 80.6명으로 높인다. 이는 한국 경제에 큰 부담으로 작용할 것으로 보인다.

인구 고령화에 대한 이 같은 전망은 2010년부터 본격화된 베이비붐 세대의 은퇴와 맞물려 국내 주택 및 부동산시장에 대한 비관론으로 이어졌다. 주택 및 부동산의 주된 수요 계층이던 초중년 가구의 비중이 감소하고, 대신 은퇴를 전후하여 기존에 보유하던 주택이나 부동산 등을 처분하여야 하는 고령 가구의 비중이 증가함으로써(혹은 이들이 보유하고 있던 자산들이 일시에 시장 매물로 나옴으로써) 공급 과잉이나 가격 대폭락을 주장하는 사람들도 많다. 그러나 부동산 시장은 단순한 명제로 흘러가는 문제가 아니기 때문에 꼭 그렇게 된다고는 볼 수 없다. 개별로 소유한 부동산의 종류가 다르고, 모든 은퇴자들이 소형을 열망한다는 보장은 없으며, 기존에 보유하던 주택 처분에 대해서도 각자 의견이 다를 수 있기 때문이다.

다운사이징과 실버주택

1인가구와 노령인구의 증가로 도시에서는 소형 주택 수요가 증가하고, 개성적인 라이프 스타일에 부합하는 주택에 대한 열망은 높아지고 있다. 다운사이징은 주택 크기를 줄이거나, 더 저렴한 지역으로 옮겨서 은퇴 생활 자금을 마련하거나, 실거주 이외의 임대주택을 마련하기 위해 주로 이뤄진다. 가족 인원이 줄어드니 큰 집과 큰 공간보다는 관리가 쉽고 환금성 있는 작은 집을 여러 채 보유하여 운용하기를 선택하는 것이다.

한편, 주거복지에 있어 우리보다 앞서 있는 영국은 신규 주택 수보다 노후주택이 월등히 많다. 자녀가 장성하여 독립한 뒤 부부 2인이 남거나 부부 중 1인이 사망하여 혼자만 남으면, 커다란 집은 청소와 관리가 어렵고 구조적으로 불편할 수 있다. 영국에서는 이러한 주택을 고령자에게 맞추어 개보수하는 노력을 해왔다.

젊은 사람에게는 별것 아닌 불편함도 고령자에게는 큰 불편으로 다가갈 수 있다. 가장 큰 문제는 안전성이다. 예를 들어 실내의 문턱, 베란다의 빨래걸이, 욕실 바닥의 미끄러움, 잠그기 어려운 수전 등은 고령자에게 일상의 어려움으로 다가온다. 더더욱 노인이 1인 가구가 되었을 때의 외로움은 사회문제로도 연결될 수 있다. 이에 대한 대안으로 등장한 것이 고령자 주택이다. 고령자 주택은 단지형 실버타운처럼 커뮤니티 시설은 없더라도 도심의 주택을 개보수하여 기존에 이용하던 동선을 그대로 이용하고 싶은 고령자에게 꼭 필요한 주택이다. 노후주택을 리모델링할 때 이용자 동선과 연령대에 맞춰 수선해야 한다는 점을 다시금 일깨우는 예이다.

공유주택

셰어하우스는 공동체의 유대감과 개인의 프라이버시가 공존하는 공유 주거 방식이다. 거실·부엌 등의 공용 공간과 개인 공간인 방으로 구성되며, 수요는 대부분 1인가구에서 발생하고 있다. 집 전체 공간을 임차하는 공유주택이자 사회적 가족의 하나로도 볼 수 있다.

1~2인 가구의 증가 역시 고령화와 더불어 주목해야만 하는 우리 사회의 주요 변화이다. 현재 1인 가구는 이미 500만 세대를 넘었으며 2040년이 되면 지금의 2배에 달할 것으로 예측된다. 이 같은 1~2인 가구 중 노년층 비율의 증가도 주목할 만한 점이다. 획일적인 교육과 틀에 맞춰진 사회적·제도적 과정을 벗어나 자유로운 삶을 추구하는 사람들

Remodeling Note

싱글턴
(singleton)

◆

소규모 가족, 핵가족을 넘어서 이제 1인 가구의 형태가 일반화되고 있다. 싱글턴은 1인 가구를 총칭하는 용어로써 비혼자, 제도적으로 결혼 관계를 인정받지 못한 동성애자, 사별 또는 이혼 후 재혼하지 않은 사람 등 다양한 이유로 홀로 사는 사람을 일컫는다. 미국의 사회학자 에릭 클라이넨버그는 현대 사회를 '싱글턴 사회'라고 정의했는데, 그만큼 홀로 사는 사람들이 많아졌다는 이야기다. 최근에는 자기 자신과 결혼식을 올리는 나 홀로 결혼, 즉 솔로고미(sologomy)도 유행하고 있다. 1인 가구의 압도적인 증가가 앞으로 주택 시장에 어떤 영향을 미칠지에 관심을 기울여야 할 것이다.

의 생활방식에 맞춘 주택 수요도 점차 증가하고 있다. 1인 가구가 일반화된 유럽의 경우 '모여 살기'와 '혼자 살기'가 적절히 혼합되어 사교적 접촉의 욕구를 만족시키는 소셜하우징, 코하우징(Cohousing: cooperative + housing), 도미토리(Dormitory) 등 다양한 공동체 생활 형태가 나타나고 있다.

❶ 모여 살기

1인 가구가 모여 살면서 얻을 수 있는 이점은 공동체적인 유대감 형성, 합리적인 소비, 공간 공유 등이다. 서로 다른 사람이 같은 공간을 사용하다 보니 갈등의 소지도 있지만 서로 규칙을 지키며 취미나 관심사를 함께 나눌 수도 있다.

❷ 나누어 살기

음식과 가전제품을 혼자 소비하지 않고 여러 명이 함께 나누어 사용하는 것은 환경적으로 유익하며 개인적으로도 경제적이다.

❸ 빌려서 쓰기

1인 가구는 이웃 간의 교류가 없고 폐쇄적으로 될 가능성이 있다. 1인 가구 간 커뮤니티나 셰어하우스를 통하면 물품과 정보를 이웃끼리 공유하는 것이 가능하다. 당신이 예술작가라면 카페나 공장을 빌려 단기간 전시를 할 수 있다. 카페는 기존 영업을 유지하고 작가는 작품을 홍보하는 일석이조의 효과를 얻을 수 있다.

❹ 어울려 살기

혼자 살다 보면 경제적, 정서적으로 고립되거나 소외될 수 있다. 1인 가구가 확산되는 데는 젊은 층의 결혼 기피와 더불어 고령화 요인이 크다. 그러므로 라이프스타일이 맞는 사람끼리 모여 사는 등 함께 어울려 '또 하나의 가족'을 이룬다면 많은 문제를 해결할 수 있을 것이다.

❺ 장사해보기

창업에 자신이 없는 사람은 '주방'이나 '스튜디오' 설치가 되어 있는 장소를 시간대별로 대여해서 장사를 경험해 보자. 창업 실패에 대한 리스크를 줄여줄 것이다.

Remodeling Note

세계 최대의 셰어하우스, 올드 오크(Old Oak)

◆

런던의 올드 오크는 '넉넉한 품을 가진 오래된 참나무'란 뜻의 공유주택이다. 무려 546개의 방이 있는 이 곳은 세계 최대 규모의 셰어하우스로, 각각의 입주자에게는 10㎡(3평) 크기의 개인 방이 제공된다. 그 외의 공간은 모두 공용 공간으로, 입주자들은 도서관과 식당, 극장, 게임방, 체육관, 커뮤니티 라운지, 스파, 헬스장, 루프탑 정원 등을 모두 자유롭게 사용할 수 있다. 이러한 공유 공간은 다양한 직업과 배경, 연령을 가진 다른 입주자들과 접촉할 수 있는 기회를 제공한다는 면에서 올드오크의 주요한 서비스 중 하나이다. 올드오크는 런던이라는 거대 도시 속에서, 따로 그러나 함께 사는 방법을 보여주는 대표적인 대안주택이다.

❻ 도심형 소형창고 임대

소형주택은 수납공간이 부족하다. 큰 짐이나 당장 사용하지 않는 짐을 보관해 주는 도심형 창고 임대는 점점 좁아지는 도심 속 틈새 임대업이라 할 수 있다.

❼ 공유형 텃밭

사용하지 않거나 개발이 유보된 토지나 옥상에 도시형 텃밭을 만들어 공유하는 방법이다.

❽ 주방 공유

주방 시스템을 공유하는 것으로, 기업에서는 사업비 등 원가 절감의 비즈니스 모델이 될 수 있고, 가정에서는 1인 거주자와 바쁜 엄마들이 활용 가능한 공유 모델이 될 수 있다.

36

공동체는 살리고
비용 부담은 줄이는 리모델링

　노후주택 리모델링으로 집을 바꾸고 같은 처지의 사람들끼리 공동체 생활을 꿈꿔 보지만, 비용 부담을 느낀다면 주택협동조합이 하나의 대안이 될 수 있다. 공동체에 관심이 있던 소유주가 단독주택이 있던 자리의 땅을 싸게 내놓고 함께 살아갈 조합원을 모아서 주택협동조합을 구성한 시도가 있었다.

　소유주는 퇴직 후 지역에 일자리를 만들고 지속 가능한 사업과 직장을 잃거나 어려운 일이 닥쳤을 때 난관을 같이 헤쳐 나갈 사회적 가족을 만들고 싶었다고 한다. 이 협동조합은 실제 지하와 1층에 상가 공간 3곳도 마련하여 은퇴 후 함께 소득을 얻을 수 있도록 했다.

　은퇴했거나 은퇴를 앞두었거나, 직업이나 가구 수 또는 가구 형태에 구애받지 않고, 다양한 사람이 따로 또 같이 살 수 있다. 공동체 주택은

넓은 커뮤니티 공간을 비롯해 꽃과 나무를 기를 수 있는 텃밭, 수익을 얻을 수 있는 상가까지 계획할 수 있으며, 설계 단계부터 입주자들이 아이디어를 모으고 시공 과정에 직접 참여할 수 있다. 커뮤니티 룸, 테라스, 세탁실, 창고 등 공유 공간의 계획, 시공, 관리 문제나 협동조합 의사 결정은 조합원 모두의 의견을 존중하여 결정한다. 내부는 각 가구의 취향을 고려해 독립적으로 설계할 수 있다.

이처럼 주택협동조합은 공동으로 소유하고 민주적으로 운영되는 주택공급과 관리사업을 하는 법인체로, 안전하고 경제적이며 쾌적한 주택 및 커뮤니티에 대한 필요와 욕구를 충족시키기 위한 목적으로, 주택 소비자들이 자발적으로 모여 결성한 자율 단체를 말한다. 거주자 중심의 소규모 개발을 가능하게 하며 또한 분양 경비가 거의 들지 않고 개발 이익이 외부에 유출되지 않으므로 공급가를 낮출 수 있다는 것이 장점이다.

리모델링을 통해 공동체의 꿈을 이루는 사회주택

소셜하우징, 즉 사회주택이란 위의 예처럼 정부기관이나 사회적 기업, 협동조합에서 부담 가능한 가격으로 공공 혹은 민간에 공급하는 주택개발 사업을 말한다. 주거 취약 계층의 주거 복지 증진뿐 아니라 지역재생에도 기여하는 측면이 크다.

예를 들어, 쇠퇴한 동네에 청년과 예술가들이 모여듦으로써 마을 분위기가 바뀌고 활력을 되찾는 경우가 대표적이다. 이처럼 아파트 외의 다른 거주 문화, 도시에서의 공동체적인 삶, 합리적인 예산에서 평생 살 집을 고민한다면 주택협동조합에 관심을 가져 보는 것도 좋겠다.

사회주택과 공동체주택

◆

사회주택 플랫폼

https://soco.seoul.go.kr/soHouse/main/main.do

사회주택은 시민이 부담가능한 임대료로 오랫동안 안심하고 살 수 있는 주택으로 사회적경제주체가 공급하고 운영하는 임대주택이다. 운영주체는 입주자들이 주도적으로 공동체성을 회복할 수 있도록 다양한 커뮤니티 공간을 활용한 프로그램을 운영하고 지원한다.

공동체주택 플랫폼

https://soco.seoul.go.kr/coHouse/main/main.do

입주자들이 공동체공간 커뮤니티 공간과 공동체 규약을 갖추고 입주자 간 공동 관심사를 상시적으로 해결하여 공동체 활동을 생활화하는 주택이다. 1인 가구 증가, 주거비 상승, 공동체 해체로 인한 고립, 주거불안, 육아 등의 문제를 개인이 아닌 입주자가 함께 해결하는 '공동체주택' 공급을 활성화하는 것을 목표로 한다.

37

문화로 변화되는 상권 :
노후된 지역과 건물에 주목하라

이제 우리는 스마트폰과 코로나 이후의 유통시장을 기대하고 있다. 경기 불황과 매출 부진에도 서울의 골목 상가 임대료가 꾸준히 오르는 이유는 문화와 역사에 근거한 젊은 층의 이동과 페스티벌, 마켓 등의 동적인 프로그램 때문이다. 홍대 상권과 용산 일대 등의 골목상권 지가(地價) 상승은 기존 임대료에, 투자수요가 유입되면서 권리금, 임대료, 상품 단가까지 높이는 효과가 생겨 임차인의 부담을 더하기도 한다.

지금 이 시대는 독특한 보행상권이 필요한 지역과 전국 곳곳의 명소와 낙후되고 저평가된 골목길에 문화를 집어넣는 기획력이 필요하다 하겠다. 부산의 산토리니로 불리는 감천문화마을과 한양 도성의 일부인 서울성곽길 중 이화벽화마을 등은 언덕과 좁은 골목, 많은 계단과 노후주택으로 인해 지역이 침체되어 가고 있었으나, 다닥다닥 붙은 낮은 집들의 풍경과 도시재생 프로젝트로 인해 그 지역을 다시 돌아보게 되는 계기를 주었다.

해방촌 신흥시장

　'체험'과 '경험'은 큰 대로변 일색이었던 상권시장의 변화를 불러일으켰다. 스마트폰의 다양하고 상세한 지도를 활용하여 우리는 이면도로 골목골목을 잘도 찾아간다. 앱 기반 지도 상용화로 인해 이면도로 상권에, 낙후되었던 지역에, '문화'와 '역사' 키워드는 상권이 생기거나 살리는 효과를 줄 것이다. 그로 인해 대형 점포일수록 온라인과 비교할 때 경쟁력이 점차 떨어져서 대책을 마련해야 한다. 대형 건물의 건물주는 수익률 극대화뿐만이 아니라 건물 이용자나 지역민에게 즐거운 경험을 선사해야 한다.

공장 지대가 청년들의 핫플레이스로

대형 프랜차이즈를 긴장하게 만든 자영업자들의 맛과 멋 자랑으로, 서울 골목 여행을 이끄는 다양한 골목상권은 단독주택이나 다세대주택을 상가로 변신시켜 그곳만의 독특한 트렌드를 경험하도록 하고 있다.

2호선 뚝섬역 인근 준공업지역은 공장과 3~4층 정도의 다세대주택이 밀집되어 있다. 성수동 2가 301-27번지에 일대에 있는 우선정비대상구역은 성동구청에서 상업지역이나 공업지역을 대상으로 도심 기능을 회복하고 상권을 활성화하기 위한 도시환경 개선을 진행하였다. 차량정비소, 제조공장 등이 아니라 패션, IT 벤처기업이 들어서는 첨단산업단지로 변모하고 있다.

2013년 성수동 1, 2가 준공업지역 내 토지거래허가구역 지정이 해제되면서, 이 일대는 구역별 특성에 따라 5개 특별계획으로 나누어 서울숲,

269

카페 거리로 변모 중인 성수동 수제화 거리(좌)　뚝섬역 준공업지역(우)

중랑천 등과 연결되는 공공보행통로, 서울숲과 뚝섬 상업용지와 연계, 패션, IT벤처기업, 글로벌 비즈니스 센터가 들어서는 첨단산업단지로 변모 중이니 관심을 가질 만하다.

38

앞으로 10년,
미래 주택의 트렌드는?

서울과 경기도를 합쳐 무려 2,307만이 넘는 인구가 수도권에 거주한다. 대한민국 전체 인구수가 약 5천 만이니, 절반 가까이 수도권에 거주하는 셈이다. 출생 또는 도시 유입으로 인한 가구수 증가는 주택 공급계획에 중요한 근거가 된다. 향후 도시로 인구 유입이 더 증가하고 고령 인구와 1인가구가 크게 늘어난다면 주택시장은 어떻게 바뀔 것인가?

다양한 사회 경제적 요인으로 인해 변화하는 인구와 가구 구성은 주거밀도와 주거환경, 주거비용 문제에 큰 영향을 미칠 것이다. 지역과 언어의 경계가 희미해지고 산업과 일자리, 생활 패턴 등이 빠르게 변하는 추세에서 교통, 특히 철도의 발달은 지방과 도시 간의 연속력을 강화할 것이다. 이미 도시 내의 주거지는 점점 더 다양해지는 사용자의 만족도를 높이는 방향으로 나아가고 있다.

공간 재화의 개념이 기간과 시간, 목적에 따라 공유하고, 빌려주고, 임대하는 것으로 바뀌어 나감에 따라 임대시장에서 '정보'의 역할이 더

암스테르담에 있는 공유 공간 사업 모델 <바운스 스페이스 암스테르담(BounceSpace Amsterdam)>,
한 공간에 코워킹 오피스와 가구 디자인 브랜드 MADE, 커피 브랜드와 헤어샵이 협업, 운영되고 있다.`

욱 커질 것으로 보인다. 가변적인 공간을 제공하는 기업형 민간 비즈니스에 첨단 IT, IOT, ICT가 추가되면서 마케팅의 주체도 바뀔 것이다.

즉 임대사업자가 일방적으로 공간을 제공하는 것이 아니라, 사용자 간의 정보 교환, 임대사업자가 제공하는 서비스에 대한 사용자들의 만족도 등이 임대사업 성공의 중요한 요소로 작용하게 될 것이다.

앞으로 주택 유형은 전면 철거가 필요한 재개발, 재건축과 함께 전면 철거를 할 수 없는 상태의 건물을 지속적으로 유지보수할 수 있는 방식으로 변화를 모색할 것이다. 기존 골조를 좀 더 안전하고 빠르게 설계, 시공할 수 있도록 리모델링 시장이 유연화되어야 하며, 노후건물 소유주의 건축관리 매뉴얼도 필요할 것이다.

실내 주방과 가구, 벽 등은 직관적으로 사용이 편리한 멀티 기능을 탑재하여 첨단화될 것이며, 유지 보수가 쉬운 기능적인 주택으로 진보할 것이다. 신축할 때부터 이러한 기능성이 중시되면 이사할 때마다 큰 가구들을 옮겨야 했던 한국의 이사 모습도 점차 변화할 가능성이 크다.

또한 주택 수명은 지금보다 훨씬 길어질 것이다. 이외에도 미래의 주택은 보유 부담이 적고, 공유와 임대개발, 사용과 매도가 용이한 모습으로 변모하리라 전망된다.

공존과 공유, 공간의 가치가 높아질 미래 주택 시장

세계미래학회 회원들이 전망하는 2030년 이후의 모습은 지금까지의 패러다임을 뒤집는다. 강력한 커뮤니케이션 시스템에 의해 인류는 높은 수준의 상식을 전 세계적으로 공유하게 될 것이다. SNS를 통해 세계 인구 절반과 의사소통할 수 있는 시대, 앞으로 전 세계를 상대로 한 구인과 구직, 비즈니스 확장 속도는 더욱 빨라질 것이다. 19세기부터 시작되었던 공교육 시스템은 붕괴되고, 20년 내로 현재의 직장, 학교, 교통, 생활패턴은 크게 변화할 전망이다.

이 같은 변화에 따라 공간은 '소유'의 대상에서 '이용'하고 '운용'하는 대상이라는 개념으로 전환될 것이다. 공간 콘텐츠에 대한 관심 또한 커질 것이다. 그에 따라 남는 공간, 사용하지 않는 공간, 자투리땅 등 유휴지, 시유지를 적극적으로 활용하게 되리라 기대된다.

공간을 사용하고자 하는 사람들에게 다양한 기회를 주는 동시에 창의성을 발휘할 수 있는 공유 공간으로, '빈 공간'은 지역사회와 주민 공동체를 위해 기능할 것이다. 개발이 해제된 지역의 '아이콘'이 될 수도 있다. 급변하는 도시에서 살아남기 위하여 서민과 주거취약 계층은 점점 더 공존과 공유의 방식을 고민하게 될 테고, 그에 따라 큰 규모의 개발 속에서 '라이프 스타일'과 그 지역의 '전통'과 '문화'가 녹아든 도시 주거지에 대한 수요가 늘어날 것이다.

앞으로는 공간을 공유하고, 공간을 유통하고, 공간을 빌려 쓰는 부동산 시장이 온다. '땅' 자체는 아무리 많이 소유하고 있어도 생을 다할 때 다음 세대에게 물려줘야 하는 것이다. 지금껏 부동적이었던 토지와 부동산은 더 탄력적으로 변화해야 한다. 임대인 또는 임차인이 부동산에 창의적인 콘텐츠를 채우면 그 공간은 '수익의 극대화'가 아닌 '가치를 극대화'하는 공간이 된다. 부동산의 위치만이 아니라 공간 자체가 가지는 가치와 개성이 크게 중요해질 것이다.

기업 시장 vs. 개인 시장

"어제도 밤샜냐?"

무언가를 항상 만들어 내어야 하는 기획자로서의 일상은 주말도, 밤 낮도 없는 마감의 연속이었다. '전문가'라는 프레임은 오히려 다른 세계에 도전할 의식과 용기를 주기보다는 안위(安危)하게끔 하고, 관성(慣性)을 만들어 내기도 한다.

"한 가지 직종에서 10년 이상 일했으니 다른 직업의 세계에 도전해 보자. 지금부터는 나의 경험을 일반 대중에게 교육하고 도움을 주자."

그 후 나는 20대부터 틈틈이 해온 부동산 시장 공부를 좀 더 체계적으로 하고, 실제 투자도 하며 그간 쌓아온 건축 전반의 실무 경험을 부동산 투자에 접목하기 시작했다. 이를 계기로 그동안 기업을 상대로 경험했던 실무와는 완전히 다른 일반 리모델링의 세계를 접하게 되었다.

곰팡이, 누수와 결로 문제가 얽히고설킨 데다 분쟁과 민원, 사기, 소송으로 이어지는 노후된 도심 건물들과의 만남은 나에게 새로운 도전과 경험을 선사했다. 강의를 하면서 수강생들의 노후 주택을 하나둘씩 고쳐주고 임대하고 매도하기까지 수년이 흘렀다.

내 강의를 듣고 직접 집을 고칠 용기를 낸 사람들, 주거 트렌드에 대한 아이디어를 얻어 수익을 낸 사람들, 직접 집을 지어 은퇴 준비를 하겠다는 사람들, 내 집 마련에 성공한 사람들, 10년 동안 팔리지 않던 천덕꾸러기 집을 매도한 사연 등 훈훈한 후일담은 나에게 강단과 방송에 서게 하고 건축 현장에서 뛸 수 있는 힘을 주었다.

기업이나 관공서의 고유 브랜드들이 오로지 디자인의 품질과 시공 작업의 완성도에만 치중했다면, 일반 대중 시장은 딴판이었다. 일반 대중은 건축적인 문제, 즉 건물 노후와 하자, 시공 용어, 비용 산정, 작업자를 상대하는 것에 대해 무방비 상태였다. 무엇보다도 힘들어하고 막막해했다. 실내에서 일어나는 문제의 원인은 건물의 원천적인 문제에 있음에도 불구하고 많은 이들이 실내 마감에만 치중했다.

리모델링은 사람의 몸과 비유할 수 있다. 사람의 신체는 혈관이 깨끗하고 잘 순환되어야 하듯, 건물의 설비도 녹이 슬지 않고 잘 순환하면 안팎으로 문제가 없다. 몸 안의 병이 몸 밖으로 나오는 것은 일종의 신호이다. 건물도 이와 같은 신호를 보낸다. 건물이 하는 말을 제대로 알아듣고 몸속까지 고칠지, 다시 회생(回生)시킬지 결정해야 한다.

가치 소비의 시대

어느 날 이탈리아 남부 나폴리의 주택가 골목에서 필자는 몇 시간을 멈춰 서 있었다. 집집마다 각자 집(거주)의 영역을 벗어나서 가로를 아름답게, 골목을 배려한 집주인들의 솜씨를 곳곳에서 느낄 수 있었다. 폐공장과 역사적인 철길, 폐가를 활용하여 멋지게 상업화를 이루어낸 유럽의 많은 건축물을 보고 많은 시사점과 아이디어를 얻었다. 공간은 역시 사람이 만드는 것이다. 그래서 사람의 힘에 의해, 문화와 역사에 의해, 다양한 콘텐츠에 의해, 사람의 인지력에 의해, 어떻게든 뒤집어질 수 있다.

지금은 가치소비의 시대다. 단순히 외형이 좋거나 필요해서 사는 단순한 소비 방식으로부터, 상황적 요인과 정서적 요인이 복합적으로 작용하는 소비문화로 흐름이 바뀌었다. 공간에 대한 소비자들의 인식과 공간을 소비하는 방식 또한 크게 변화하고 있다.

고치자니 돈이 없고, 전문가를 만나기도 쉽지 않고, 전물가를 다루기도 어렵다면, 이 책이 하나의 해결 방안이 되었으면 한다. 신선하고 좋은 재료로 만드는 요리가 훌륭한 맛을 내듯, 집을 고치고 가꾸는 일 또한 집을 이해하고 자재를 이해하는 데서부터 시작되어야 한다. 단열과 난방, 각종 설비, 확장과 개방, 수납 방법, 가구 설계를 기본적으로 이해하고 시작한다면 마감재는 주관적인 것이니 개성대로 꾸미면 크게 문제 될 것이 없다.

질적 상승의 시대

성공적인 주택 정책은 단지 주택 수를 늘리는 데 있지 않다. 수요자를 예측하고 주거비용 부담을 덜어주는 것이 중요하다. 그런 면에서 우리 국민이 느끼는 주거 문제 스트레스에 관해 생각해 볼 필요가 있다.

익히 알다시피 수요와 공급의 불일치는 미분양, 인구 및 사회 트렌드 변화와 맞물려 여러 제도적 불균형을 낳았다. 이제는 양이 아닌 질적 상승을 목표로 주택정책의 대전환이 필요한 시점이다. 뉴타운이나 재개발·재건축 지역에도 속하지 못하는 지역, 노후주택이 많고 기반시설이 빈약한 해제지역에도 또 다른 대책이 필요하다.

노후주택 및 도시재생에 대한 대책을 고심하는 대한민국의 현시점에서 소규모주택 정비사업과 합리적인 리모델링은 위와 같은 문제를 해결하는 동시에 도시에 활력을 불어넣을 것이다. 대형 프랜차이즈의 식상함에서 벗어나 우리의 일상을 즐겁게 해주는 매력적인 소상공인들, 미니 재건축을 통한 개성 있는 주거지 정비, 괄목할 만한 복합개발은 우리 골목과 서울만의 독특한 향기를 만들어 낼 것이다.

첨단 도시의 모습과 과거가 공존하는 상생의 모습으로 우리만의 색상을 표현하자. 올드 앤 뉴(Old & New), 이것이 우리 모두가 공존하는 도시의 모습이다.

부숴야 하는 것, 남겨야 하는 것

도시 정비의 뒤안길에는 우리 근현대 문화와 역사가 있다. 종묘와 능, 신당과 함께 이 땅을 지켜온 고목이나 석재, 터, 골목, 성곽, 다양한 양식을 가진 한옥 등의 유물이 있다. 서울시의 미래유산 보존방침에 따라 재건축 단지 중 의미가 있는 한 동을 남기는 '한 동 남기기' 정책을 기억할 것이다. 재건축 공사 중이었던 개포주공 단지, 잠실주공 5단지 등 일부가 역사적인 측면에서 보존하는 것으로 제안되었으나 철회되었다.

옛날식 연탄 아궁이를 사용한 아파트, 중앙난방 시스템을 도입한 최초의 아파트 등 주택 역사의 흐름에서 보면 의미가 있지만, 실거주민들에게는 애물단지 취급을 받으면서 결국 그 정책은 철회되었다. 과거의 의미는 아름답지만, 현재 우리 삶에는 편의와 실리가 더 급한 탓이다. 과거는 기억과 추억이라는 상자에 넣고 우리는 좀 더 편리하고 깨끗한 도시를 추구하고 있는 것이다.

선조의 유산이 차후 자손들에게 전해질 생생한 역사의 현장, 고유한 삶의 흔적들을 보존하기 위하여 우리는 어떤 건축물을 남기고 무엇을 없애야 할까. 한국 현대사의 순간을 담고 있던 구치소가 다른 지역으로 이전되고 있다. 서대문 형무소는 약 80년 동안 35만여 명의 민족 지도자, 독립투사들이 거쳐 갔던 굴곡의 한국사를 고스란히 간직한 장소이다. 일제강점기부터 박정희 독재 시대까지 100년 역사를 간직한 곳으로 1992년 '서대문형무소 역사관'으로 리모델링하였다.

무악동 46번지는 일명 '옥바라지 골목'으로 서대문형무소에 투옥돼 고문당하던 독립운동가들의 옥바라지를 했던 가족들의 이야기가 골목마다 남아있던 곳이다. 1987년 경기도 의왕으로 구치소가 옮겨 가면서 옥바라지 골목은 점차 쇠퇴하였고, 2000년대 재개발 계획 이후 2015년 주민 70% 이상의 동의를 받아 재개발 정비사업 관리처분 인가를 받았다. 뒤늦게 꾸려진 대책위는 철거에 맞서 외로운 싸움을 했다.

무악동 46번지 일대는 금속 휘장의 새가 그려진 아파트가 들어섰다. 일부 가옥만 남겨두고 사라져 버린 옥바라지 골목을 지키지 못한 것은 도시 개발에 앞서 안타까운 일이다. 통곡의 미루나무와 옥바라지 골목이 보존되었더라면 서대문 형무소와 미루나무를 지나는 '역사의 길'을 만들어 길이 전할 수 있었을 것이다. 후손과 관광객에게 우리 역사를 알리고 보존할 수 있는 장소와 도시 개발의 간극을 현명하게 조정해야 할 때이다.

고유 건축양식을 간직하고 있는 근현대 건축자산 밀집지역에는 건축자산을 고쳐 활용할 수 있도록 지원 시설을 설치하고 옛 골목길을 정비하는 한편, 가치가 있는 최초의 주택 등을 보존하는 재생사업을 통해 관광 + 상업 + 문화가 어우러지는 한국만의 명소를 만들었으면 한다. 한국인만의 명소가 곧 명품이고, 사람이 모이는 곳이 돈이 될 수 있다.

한국을 지켜왔던 근대 이후의 건축물과 골목, 현대사 속 큰 비중을 차지했던 공동주택의 1차 철거와 보존 결정, 스카이라인의 결정이 시작되는 시기이다. 사람들이 오랫동안 살고 사용해 온 장소에는 역사와 정서가 깃들어 있다.

무엇을 남기고, 무엇을 없앨 것인가.

무엇을 부수고, 무엇을 지킬 것인가.

土美

Appendix

건축상식과 리모델링 체크리스트

건폐율

1층의 건축 바닥면적을 대지면적으로 나눈 비율로, 알기 쉽게 표현하면 건폐율(%) = 건축면적 / 대지면적 × 100 이다. 예를 들어 100평의 대지에 70평짜리 건물을 지었다면 건폐율은 70%이다(70=70/100×100).

3층 30평
2층 50평
1층 50평
대지 100평

대지면적 = 100평
지상층 연면적 = 130평
용적률 = 130%
건폐율 = 50%

용적률

건축물 연면적을 대지면적으로 나눈 비율을 말한다. 건축물 연면적은 건축물 각 층의 바닥면적 합계이다. 용적률 = 건축물 바닥면적의 합계 / 대지면적 × 100이다. 예로 100평의 대지에 각층 바닥면적이 70평인 3층 건물을 지었다면, 이 건물의 용적률은 210%이다(210 = (70 + 70 + 70) / 100 × 100). 용적률을 계산할 때 지하층의 바닥면적은 포함하지 않으며, 또 지상층의 면적 중에서 주차용으로 쓰는 것, 주민공동시설 면적, 초고층 건축물의 피난안전구역 면적은 포함하지 않는다.

> **참고**
>
> 연면적이란 하나의 건축물 각 층 바닥면적 합계를 말한다. 다만 용적률을 산정할 때에는 다음에 해당하는 면적은 제외한다.
>
> ① 지하층의 면적
> ② 지상층의 주차용(해당 건축물의 부속용도인 경우만 해당)으로 쓰는 면적
> ③ 「주택건설기준 등에 관한 규정」에 따른 주민공동시설의 면적
> ④ 초고층 건축물과 준초고층 건축물에 설치하는 피난안전구역의 면적
> ⑤ 건축물의 경사지붕 아래에 설치하는 대피공간의 면적
>
> [네이버 지식백과] 연면적(토지이용 용어사전, 2011. 1., 국토교통부)

건축법에 의한 건축물의 구분

'건축법'에서 사후적으로(사용승인 후) 건축물의 허가(신고)요건을 바꾸어 수선하는 행위는 크게 개축, 대수선, 용도변경, 리모델링, 증축 5가지로 규정되어 있다.

① 신축 : 건축물이 없는 대지(기존 건축물이 철거되거나 멸실된 대지를 포함)에 새로 건축물을 축조하는 것을 말한다. 다만, 부속 건축물만 있는 대지에 새로 주된 건축물을 축조하는 것을 포함하되, 개축 또는 재축하는 것은 제외한다.
② 증축 : 기존 건축물이 있는 대지에서 건축물의 건축면적, 연면적, 층수 또는 높이를 늘리는 행위이다.
③ 개축 : 기존 건축물의 전부 또는 일부(내력벽, 기둥, 보, 지붕틀 중 셋 이상이 포함되는 경우)를 철거하고, 그 대지에 종전과 같은 규모의 범위에서 건축물을 다시 축조하는 행위이다.
④ 재축 : 건축물이 천재지변이나 그 밖의 재해로 멸실된 경우 그 대지에 종전과 같은 규모의 범위에서 다시 축조하는 행위이다.
⑤ 이전 : 건축물의 주요 구조부를 해체하지 않고 같은 대지의 다른 위치로 옮기는 행위이다.
⑥ 대수선 : 건축물의 기둥, 보, 내력벽, 주 계단 등의 구조나 외부 형태를 수선·변경하거나 증설하는 것을 말한다. 다음의 사항 중 하나에 해당하는 경우로, 증축·개축 또는 재축에 해당하지 아니하는 행위이다.
- 내력벽을 증설·해체하거나 내력벽의 벽 면적을 30㎡ 이상 수선 또는 변경
- 기둥을 증설·해체하거나 기둥을 3개 이상 수선 또는 변경
- 보를 증설·해체하거나 보를 3개 이상 수선 또는 변경
- 지붕틀을 증설·해체하거나 지붕틀을 3개 이상 수선 또는 변경
- 방화벽 또는 방화구획을 위한 바닥 또는 벽을 증설·해체하거나 수선·변경
- 주계단·피난계단 또는 특별피난계단을 증설·해체하거나 수선·변경
- 미관지구 안에서 건축물의 외부 형태(담장을 포함한다)를 변경
- 다가구주택 및 다세대주택의 가구 및 세대 간 경계벽을 증설·해체하거나 수선· 변경하는 대수선의 경우도 건축물의 건축과 마찬가지로 건축허가를 받아야 하는데, 대상 건축물의 규모가 연면적 200㎡ 미만이고 3층 미만인 건축물인 경우 신고하면 건축허가를 받은 것으로 본다.
- 건축물의 외벽에 사용하는 마감재료를 증설 또는 해체하거나 벽면적 30제곱미터 이상 수선 또는 변경하는 것
⑦ 리모델링 : 기존 건물 내부 및 외부, 설비 등의 기능 개선과 마감재 변경으로 노후한 건축물의 노후화를 억제하거나 기능 향상 등을 위하여 대수선하거나 일부 증축하는 행위이다.

상가주택(겸용주택)의 세금 부과

은퇴한 K씨는 퇴직금으로 상가주택을 매입하였다. 1층은 점포로, 2층은 주택으로 임대하고, 3층은 K씨와 가족이 거주한다. 그런데 취득세는 물론이고, 향후 매도할 때 양도소득세, 비과세 등의 세금이 일반 아파트나 상가와는 달리 적용받는다는 것을 알게 되었다. 어떻게 해야 할까?

상가주택은 주택과 상가가 함께 공존하는 건물을 말한다. 건축물대장이 아닌 실제 사용 용도에 한해 세금을 부과하고 있다. 현행 소득세법에서 1세대 1주택 비과세 규정을 적용받기 위해서는 겸용주택의 경우 주택 면적이 비주택보다 크면 건물 전체를 주택으로 보고, 반대로 주택 면적이 비주택과 같거나 작으면 주택만 주택으로 보고, 그 외의 것(비주택)은 기타 건물로 본다.

2022년 세법개정으로 매매가액이 12억 원을 초과하는 겸용주택은 주택 면적이 상가 면적보다 크더라도 주택 부분만 주택으로 보아 비과세 혜택과 장기보유특별공제를 최대 80%까지 적용한다. 하지만 상가 부분은 비과세 적용이 안 되고 장특공제도 최대 30%까지만 가능하다.

주택 면적의 판단기준은 실제 용도를 기준으로 하며, 영업용 건물이라도 가족이 사실상 주거로 사용한다면 주택 용도로 간주한다. 전용공간 이외에 보일러실이나 계단, 창고 등 공동으로 사용하는 부분 또한 실제 사용 여부를 따져 용도를 판단한다.

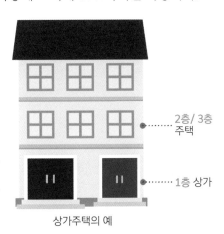

2층/3층 주택

1층 상가

상가주택의 예

❶ 상가주택을 매매할 때 부가가치세

주택 면적과 상가 면적에 상관없이 상가에 대해서만 부가세를 부과한다.

❷ 상가주택을 매도할 때 비과세

다른 주택을 소유하지 않고, 주택 면적이 상가 면적보다 크다면 건물 전체를 주택으로 간주하여 겸용주택과 부수토지 모두 1세대 1주택 비과세 혜택이 가능하다. 상가 면적이 주택 면적보다 크거나 같다면 주택 면적과 그에 따른 부수토지만 주택으로 간주하여 비과세를 받고, 나머지 상가 면적과 부수토지에 대해서는 양도소득세를 납부한다.

❸ 상가주택을 취득할 때 취득세

각각의 면적대로 취득세를 부과한다.

주택과 상가 비율에 따른 과세

면적	주택	상가	주택 취득세	상가 취득세	주택양도 소득세	상가양도 소득세	주택 부가 가치세	상가 부가 가치세
주택 > 상가	70%	30%	70	30	100	0	0	30
주택 > 상가 (12억 초과)	70%	30%	70	30	70	30	0	30
주택 = 상가	50%	50%	50	50	50	50	0	50
주택 < 상가	30%	70%	30	70	30	70	0	70

* 감수: 투에이스 님
* 투에이스의 부동산 절세 이야기 : https://blog.naver.com/tbank
* 부동산 세법은 수시로 개정되어 사례별로 확인해야 함

위반건축물

무허가 건축물(건축법 제11조, 제14조)
건축허가 및 신고 등의 절차를 이행하지 않고 신축, 증축, 개축, 재축, 이전 등을 하는 행위

무단 용도변경(건축법 제19조)
용도변경 허가 및 신고 등의 절차를 이행하지 않고 용도변경을 한 행위

이행강제금(건축법 제80조)
가권자는 시정명령을 받은 후 시정기간 내에 이행해야 하며
이행하지 아니하면 다음 각 호의 이행강제금을 부과한다.

위반건축물의 단속으로 시정명령을 받은 후 시정기간 내에 시정명령을 이행하지 않은 자에게 부과하는 것으로, 건축법에서는 1년에 2회 이내, 농지법에서는 1년에 1회를 부과 또는 징수할 수 있다. 주택은 다소의 감면규정이 있기는 하나, 이행강제금을 납부하더라도 원상복구를 전제로 하는 벌과금의 성격이므로 지속적으로 부과될 수 있다. 건축물대장에 불법구조물로 기재되며, 이의제기하고 행정소송을 진행한다고 하더라도 승소하기 어려운 경우가 많다. 시정명령을 이행하면 이행강제금의 부과는 중지된다. 기존에 부과된 이행강제금은 납부의무가 있다.

❶ **기간** : 허가신고를 받지 않고 했을 경우 원상복구할 때까지 낸다.
❷ **부과 횟수** : 높이 제한, 불법증축, 불법확장, 시공 목적, 건폐율, 용적율의 여유, 일조권 등에 따라 다르게 부과된다. 시정될 때까지 매년 2회 이내 반복적으로 부과된다.
❸ **비용** : 건물시가표준액에 따라 다르다.

위반건축물 구별법

- 건축물 대장상 전용면적과 실면적이 차이가 날 때

- 공부상 구조와 실제 구조가 상이할 경우

- 공부상 용도와 실제 용도가 상이할 경우

- 공부상 주차 대수와 실제 주차 대수가 상이할 경우

- 공부상 가구수와 실제 가구수가 상이할 경우

- 베란다 및 테라스, 계단, 옥탑방, 지붕을 불법개조한 경우

이행강제금 계산법

위반면적 × 건물과세시가 × 요율(무단증축 50/100)

※ 건물과세시가는 지역별로 상이하므로 관할 시, 군, 구청에 문의

위반건축물의 벌금 수준

구분	위반 내용	벌금 수준
증축	건축면적 증가(용적률 증가, 일조권 확보 위반)	시가표준액의 10/100
용도변경	건축물 대장상 용도 위반	용도변경 면적 시가표준액의 10/100
미사용승인	사용승인을 받지 않고 사용중인 건축물	시가표준액의 10/100
유지,관리상태	법령 등의 기준에 적합하지 아니한 건축물	시가표준액의 2/100
건축선 부적합	건축선에 적합하지 아니한 건축물	위반한 조경의무면적에 해당하는 바닥면 시가표준액의 3/100
기타	불법 점유(공용면적, 공개공지 점유) / 대지 내 조경 위반(허가 후 조경공간을 다른 용도로 사용하는 경우) / 부설주차장 위반(주차장 내 물건 적재 등)	주차장(주차장 설치비용 × 비율) • 주차장 불법 용도변경 : 20% • 주차장 기능 미사용(적재 등) : 10%

주택 구분

구분	형태	특징	개별등기	요건
단독주택 한 가구가 독립되어 주거생활을 할 수 있는 주택	단독주택	1세대 거주	구분등기 X 분양 X	주거구획당 면적 제한 없음
	다중주택 (원룸)	공동식당 (욕실 ○, 취사 X)	구분등기 X	3층 이하(2~4층×), 주택용도의 바닥(연)면적 660㎡ 이하
	다가구주택	독립된 주거형태 (19세대 이하)	구분등기 X 분양 X	3개 층 이하(지하층 제외), 주택용도의 바닥면적 660㎡ 이하, 가구별 난방시설 설치
	공관	정부의 고위관리 등이 공적으로 사용하는 주택		
공동주택 하나의 건축 물(동)에 여러 세대가 독립적으로 살며, 복도, 계단, 설비 등을 일부, 또는 공동으 로 사용	아파트	주택으로 쓰는 층수가 5개 층 이상인 주택	구분등기 ○ 분양 ○	5개 층 이상
	다세대주택	2룸 정도의 규모	구분등기 ○ 분양 ○	4개 층 이하, 주택 바닥면적 660㎡ 이하, 2세대 이상 건축주택
	연립주택	3룸 정도의 큰 규모	구분등기 ○ 분양 ○	4개 층 이하, 주택 바닥면적 660㎡ 이상
	도시형 생활주택 (주차기준 완화)	원룸형(1.5룸 가능), 단지형 다세대, 연립	구분등기 ○	세대당 전용면적이 14~50㎡ 이하, 85㎡ 이하, 전체 세대 수 299실 이하
준주택	고시원	원룸 타입, 공동식당 사용 욕실 ○, 취사 X, 바닥 난방 △	구분등기 X	바닥면적 500㎡ 이하일 때 2종 근생 (초과하면 숙박시설) 주택용도(다가구, 다세대, 아파트) 조산원과 함께 시설 불가
	오피스텔 (업무시설)	취사 ○, 화장실 욕조 X, 발코니 X, 바닥난방 △ 세무상 주거용 가능	구분등기 ○	전용면적 85㎡ 이하만 바닥난방 가능 (업무시설)
	기숙사	비독립형태, 공동취사	구분등기 X	기업형 / 학교형
	노인복지주택 (주택으로 간주된 경우)	노유자 시설, 실버타운	구분등기 ○	도시형 / 도시근교형 / 전원형 / 임대형 / 분양형 / 회원권형
	도시형 생활주택	150세대 미만	구분등기 ○	단지형 연립주택 / 단지형 다세대주택 / 원룸형 주택
	공업화 주택			
	블록형 단독주택			

국토의 계획 및 이용에 관한 용도지역별 건폐율, 용적률 ─────

○ 가능 □ 거의 가능 X 거의 불가능

구분		건폐/용적률	단독주택	다가구	다세대	오피스텔
전용주거	1종	50/100	○	□	□	X
	2종	50/150	○	○	○	X
일반주거	1종	60/200	○	○	□	X
	2종	60/250	○	○	□	X
	3종	60/300	○	○	□	X
준주거		70/500	○	○	○	○
상업지역	중심	90/1,500	□	□	□	○
	일반	80/1,300	□	□	□	○
	근린	70/900	○	○	□	○
	유통	80/1,100	X	X	X	○
공업지역	전용	70/300	X	X	X	X
	일반	70/350	□	□	X	X
	준공업	70/400	□	□	□	□
녹지지역	보전	20/80	○	X	X	X
	생산	20/100	○	○	□	X
	자연	20/100	○	○	□	X
관리지역	보전	20/80	○	○	X	X
	생산	20/80	○	○	□	X
	계획	40/100	○	○	□	X
농림지역		20/80	□	□	X	X
자연환경보전지역		20/80	□	□	X	X

단독주택 리모델링 전 : 시공 관련 확인해야 할 것

구분	내용
필요한 리스트 작성	시공기간과 필요비용, 특이사항 등으로 리스트를 작성한다.
시공방법 확인	건물의 준공년도와 특색에 따라 노후도가 다르니 미리 방법을 다각화하여 준비한다.
현장 주변 확인	민원 발생 요인, 시공업체 주차 유무, 주말 시공 가능 유무 등을 확인한다.

단독주택 리모델링 전 : 설계 및 사업성 관련 확인해야 할 것

구분	내용
도면 검토 및 도면 취득	• 구청 : 건축물 대장 설계자 확인) • 건축사무소 연락 • 구청민원실 : 행정정보공개 청구 • 도면청구서 사유 : 건물주 • 타인인 경우 : 등기부등본 첨부 또는 건물주의 동의
설계변경 여부 확인	증축이나 노후도, 주차장, 용도변경 가능 여부 등을 확인한다.
구조 진단	• 노후화 진단 : 구조기술사와 접촉 • 건물의 안정성 및 증축 가능성을 조사한다.
공정별 진단	전기설비, 급수배수, 공조환기, 위생설비 등을 진단한다.
문제점 파악	문제 해결 방법과 견적가를 확인한다.
리모델링 방향 설정	• 마감재 내/외부 • 대수선 : 구조변경, E/V신설 • 증축 : 건물의 여유 용적률 내에서 층고를 높임
공정별 견적 vs 실행가	리모델링 요소가 각 건물마다 다 동일하지 않은 경우가 많으므로 필요한 공정별로 금액을 산정하는 것이 중요하다. 각 공정과 공정을 날씨나 마감에 맞춰서 순조롭게 연결할수 있는 감독관(시공소장)의 역할이 중요하다. 평수/제곱미터 당 견적가를 받는 경우 디테일한 내역이 없으므로 추가비용이 발생할 수 있다.
사업타당성 분석	• 임대수익률 비교 • 공실 대책 • 수익률 최대치 연구
주차공간 확인	• 주차장법에 근거 • 근린생활시설 : 시설면적 134㎡ 당 1대 이상(주차장법 19조, 조례17조) • 장애인 전용주차구역의 설치 기준 : 부설주차장 대수의 2%에 해당하는 대수 이상을 장애인 전용 주차장으로 설치해야 함 (주차장법 조례 17조)

건물(상가, 단독주택, 공동주택) 리모델링 계획을 위한 체크 리스트 ────

노후건물을 리모델링하기 전, 리모델링의 방향을 잡고 대략적인 계획을 세우기 위하여 점검할 점은 다음과 같다. 만약 중간에 수정사항이 발생하면, 시공업체와 서면화하여 향후 확인하는 것이 좋다.

- ☐ **건물의 법적 사항**(리모델링의 허용치, 건축법, 정비법, 용도변경 유무, 주차장, 구조변경 등)

- ☐ **기존 건물의 주차대수와 리모델링 이후의 주차대수 확인**

- ☐ **건물의 구조 진단**(구조변경 검토)

- ☐ **건물의 설비 진단**(급배수 / 공조 설비 / 전기 설비 / 설비 용량)

- ☐ **건물의 노후화 진단**(단열, 누수, 결로, 마감상태 점검)

- ☐ **시공환경 & 기간 & 여유 비용 확인**

- ☐ **업체 섭외 및 도면 준비**(리모델링 전문 회사에 의뢰하기)

    TIP. 일반적으로 인테리어 회사는 내부공사, 리모델링 회사는 내/외부 공사를 함께 한다고
        생각하면 되겠다. 특히 노후건물에 대한 노하우나 실적이 있는 회사가 '돌발상황'에
        대한 대처능력이 뛰어나다. 절대적으로 경험이 중요하다.

- ☐ **필요 리스트 작성**

- ☐ **건물의 분야별 진단**(철거가능 여부 / 정화조 용량 / 방수 / 누수 / 단열재 / 건물 크랙 / 창호 / 분전함 / 온수분배기 / 보일러 / 내력벽 검토)

- ☐ **건물의 내/외부 리모델링 여부**(지하, 지붕 등)

- ☐ **외부계단 신설 여부**

- ☐ **E/V 신설 여부**

- ☐ **분야(공정)별 견적금액 조사**

- ☐ **사업성 분석에 따른 리모델링 가격 산출**

- ☐ **자재 준비**

업체 선정 시 체크리스트 : 좋은 업체와 나쁜 업체 가려내는 법 ──────

위로 올라갈수록 좋은 업체, 아래로 내려갈수록 피해야 할 업체이다.

Good
- ☐ 업체로부터 충분한 설명을 들었는가
- ☐ 의뢰한 업체가 당신의 이익을 실현해주리란 믿음이 있는가
- ☐ 당신이 지불한 금액의 권리를 찾았는가
- ☐ 업체로부터 납득할 만한 대답을 얻었는가
- ☐ 업체만의 수익구조에 끌려가는 기분은 아닌가
- ☐ 약정된 금액에서 무리한 요구를 하였는가
- ☐ 시공 중간에 추가로 주문한 것이 있는가
- ☐ 진행 과정에서 마음에 들지 않는 부분이 있다면 방법이 있는가
- ☐ 진행 과정이 매끄럽지 못한가

Bad

직영공사 시 체크 리스트 ────────────────────

리모델링 직영공사, 아는 만큼 잘 진행할 수 있다. 업체만 믿고 맡길 것이 아니라, 소유주로서 최소한의 사항은 점검하고 진행하면 차후 분쟁이나 갈등의 소지를 줄이고, 결과의 만족도를 높일 수 있다.

- ☐ 현장방문 시 실측(치수 재기)과 사진 찍기
- ☐ 현장 상태 파악(배관, 누수 등)
- ☐ 전체 도면 작성(작은 평수라면 직접 치수를 기입해서 손도면을 그린다)
- ☐ 전체 공정(단계별 작업사항)과 리스트 작성
- ☐ 가능한 금액 정하기 & 예산금액 정하기
- ☐ 개별 업체 수배 & 공정별 스케줄

  TIP. 각 업체마다 견적을 받아서 선정기준을 만든다.

- ☐ 자재 구매(자재시장 또는 온라인)
- ☐ 착공 후 관리 및 기록, 사진 남기기
- ☐ 전체 지출금액을 종목별로 정리하기

  TIP. 더불어 면적별로 정리해 놓으면 다음 번 리모델링의 가격을 대략적으로 예측할수 있다.

공동주택 리모델링 체크 리스트

공동주택 외부는 범위에 따라 '개인부담' 혹은 '공동부담'으로 나뉜다.

- ☐ 리모델링의 목표 정하기
- ☐ 현장 상태 파악(누수, 곰팡이, 결로 등)
- ☐ 업체 섭외 및 도면 준비
- ☐ 구조 변경 여부 검토
- ☐ 필요 리스트 작성
- ☐ 자재 구매
- ☐ 업체 섭외
- ☐ 착공 후 영수증 관리
- ☐ 관리 및 기록

단독주택 이사 전 체크 리스트

아파트나 빌라에서 단독으로의 이사를 계획한다면 다음 사항을 꼼꼼히 체크하자.

- ☐ 도면 검토 및 도면 취득
- ☐ 정화조 위치와 청소 날짜 및 청소 횟수 점검
- ☐ 전기 분전함(계량기) 위치와 상태
- ☐ 가스 온수분배기 위치와 상태
- ☐ 싱크대 벽붙이 또는 원홀
- ☐ 베란다 하수구 & 물받이
- ☐ 옥상이나 외부 베란다 방수 상태
- ☐ 내/외부 누수
- ☐ 내/외부 크랙
- ☐ 보일러 성능
- ☐ 바닥난방 여부

단독주택 리모델링 체크 리스트

30년이 넘은 단독주택은 구석구석 손볼 곳이 많다. 리모델링 시 확인해야 할 사항은 무엇일까?

- ☐ 리모델링의 목표 정하기
- ☐ 현장 상태 파악(누수, 곰팡이, 결로, 균열 등)
- ☐ 각종 설비의 상태 파악(보일러, 수도, 가스, 전기, 정화조 등)
- ☐ 외부 작업의 난이도 파악
- ☐ 주변 민원 및 민심 파악
- ☐ 차량 주차 및 특수차 진입로 확보 유무
- ☐ 업체 섭외 및 도면 준비. 구조 변경 여부 검토
- ☐ 필요 리스트 작성
- ☐ 자재 구매
- ☐ 업체 섭외
- ☐ 착공 후 영수증 관리
- ☐ 관리 및 기록

오피스텔 리모델링 체크 리스트

오피스텔은 준공된 지 10년 정도가 지나면 노후가 진행되어 내부 곳곳에 수리할 부분이 생긴다. 옵션 항목의 노후도에 따라 이상이 발견되면 관리실이나 전용 부동산과 상의하여 공동으로 적용되는 옵션을 사용해야 한다. 기본적으로 점검해야 할 옵션 사항은 다음과 같다.

- ☐ 에어컨
- ☐ 냉장고
- ☐ 가스 또는 전기렌지
- ☐ 화장실 수전 또는 악세서리의 노후

리모델링으로 재테크하라

초판 1쇄 2022년 7월 1일

지 은 이 토미(土美)
펴 낸 이 묵향
편   집 묵향
북디자인 파이브에잇

펴 낸 곳 책수레
출판등록 2019년 5월 30일 제2019-00021호
전   화 02-3491-9992
팩   스 02-6280-9991
이 메 일 bookcart5@naver.com
블 로 그 https://blog.naver.com/bookcart5
인 스 타 @bookcart5

ISBN   979-11-90997-08-9 (13320)

• 이 책은 저작권법에 따라 보호받는 저작물이므로 무단 전재와 무단 복제를 금합니다.
• 잘못된 책은 구입하신 서점에서 교환해 드립니다.